Schwarze Löcher in der Magie

Betrachtungen, Traumreisen und Anwendungen

Kontakt: www.HarryEilenstein.de
Harry.Eilenstein@web.de
Harry Eilenstein bei youtube

Impressum: Copyright: 2011 by Harry Eilenstein – Alle Rechte, insbesondere auch das der Übersetzung, vorbehalten. Kein Teil des Buches darf ohne schriftliche Genehmigung des Autors und des Verlages (nicht als Fotokopie, Mikrofilm, auf elektronischen Datenträgern oder im Internet) reproduziert, übersetzt, gespeichert oder verbreitet werden.

Herstellung und Verlag: BoD – Books on Demand, Norderstedt

ISBN: 9783755781028

Inhaltsverzeichnis

1. Schwarze Löcher in der Magie?

Was haben Schwarze Löcher in der Magie zu suchen? Sie sind schließlich ein Phänomen aus der Astronomie ...

Da jedoch die Astrologie zeigt, daß die Betrachtung der Bewegungen der Planeten in unserem Sonnensystem ein perfektes Gleichnis zu den Ereignissen auf unserer Erde einschließlich der Prägung des Charakters eines Menschen im Augenblick seiner Geburt (Horoskop) ist, könnte es sein, daß auch ein Schwarzes Loch eine Bedeutung in der Magie haben könnte.

Die Astrologie wird in vielerlei Hinsicht in der Magie verwendet: für das Wählen eines günstigen Zeitpunktes, für Traumreisen zu den Planeten, in Ritualen zum Herbeirufen von Lebenskraft mit einer spezifischen Qualität, zum Weihen von Talismanen usw.

Nun sind Schwarze Löcher deutlich weiter von unserer Erde entfernt als die Planeten unseres Sonnensystems – welche Bedeutung könnte solch ein Schwarzes Loch dann noch haben? Zumindestens schon mal keine astrologische Bedeutung ...

Zudem ist ein Schwarzes Loch aus physikalischer Sicht ein recht exotisches Ding – was vermuten läßt, daß auch die Bedeutung eines Schwarzes Loches in der Magie ungewöhnlich sein könnte.

In physikalischer Hinsicht ist bereits so manches über Schwarze Löcher bekannt – in der Magie sind sie hingegen weitestgehend Neuland. Ein Betrachtung der Schwarzen Löcher aus der Sicht der Magie kann also nur ein Forschungs-Projekt sein und nicht das Vorstellen von gesicherten Endergebnissen, deren Anwendung schon seit Jahrzehnten erprobt worden ist.

Eine solche Betrachtung der Schwarzen Löcher aus dem Blickwinkel der Magie wird sinnvollerweise mit ihrer Darstellung aus physikalischer Sicht beginnen, da es einfacher ist, gezielt in Neuland aufzubrechen, wenn man schon ein bißchen über das Land weiß, daß man erforschen will.

2. Schwarze Löcher in der Physik

In der heutigen Physik gibt es vier Dinge oder besser gesagt, vier Ebenen oder Bereiche, auf denen sich etwas befinden kann und auf denen etwas geschieht.
Diese vier Ebenen sind:

1. die Raumzeit
2. die Energie (Energiequanten)
3. die Materie (Elementarteilchen, Atome, Gegenstände, Planeten)
4. die „Schwarzes Loch"-Substanz

Diese vier Ebenen stehen nicht isoliert da, sondern entwickeln sich schrittweise auseinander. Dies kann man wie folgt etwas vereinfacht beschreiben:

- Am Anfang war die Raumzeit. Sie ist zunächst neutral, d.h. überall gleich.

- Dann beginnt sich die Raumzeit an manchen Stellen zu verformen. Diese Raumkrümmungen sind dann das, was als Energie (Energiequanten) erscheint: zunächst als Gravitonen (Gravitation), dann auch als Photonen, also Licht (elektromagnetische Kraft) und zuletzt als Gluonen (Farbkraft in den Atomkernen). Diese Energieteilchen (Energiequanten) bewegen sich mit der Lichtgeschwindigkeit („c"). Die Lichtgeschwindigkeit ist also zunächst einmal im Weltall die normale Geschwindigkeit aller Dinge.
Diese sich bewegenden Energiequanten sind wie „Wellen" in der Raumzeit. Sie können nicht aneinanderstoßen, sondern überlagern sich genauso wie Wellen im Wasser – zwei sich kreuzende Lichtstrahlen behindern sich nicht gegenseitig.

- Die Raumkrümmungen, die die Energiequanten darstellen, können sich miteinander verbinden, wodurch sie zu Materie „kondensieren". Der Faktor, durch den sie dabei kondensieren, ist „c^2" – dies ist das „c^2" aus der berühmten Einstein-Formel „$E=mc^2$". Es ist also wieder die Lichtgeschwindigkeit, die diese Verwandlung prägt.
Diese Lichtgeschwindigkeit ist einfach deshalb ein so zentrales Element, weil sie die Verbindung zwischen Raum und Zeit ist: Sie ist eine Geschwindigkeit und eine Geschwindigkeit ist die Entfernung (Raum), die etwas innerhalb einer bestimmten Zeit zurücklegt. Die einfache Verknüpfung von Raum und Zeit (Lichtgeschwindigkeit) ist deshalb so wichtig, weil die Raumzeit die „Grundsubstanz" unserer Welt ist – alles andere sind zunehmend komplexere

Formen der Raumzeit.

Wenn Energie zu Materie kondensiert, verliert sie die Lichtgeschwindigkeit, mit der sie sich zuvor ständig bewegt hat. Man kann sich das so vorstellen, daß Energiequanten geradeaus fliegen, weshalb ihre Lichtgeschwindigkeit von außen her sichtbar ist. Diese Energiequanten fliegen jedoch, wenn aus ihnen Materie geworden ist, wie auf einer Kugeloberfläche im Kreis und sind daher nicht mehr als Energiequanten sichtbar sind. Zudem entsteht durch dieses Kreisen der Energieqaunten auf winzigem Raum (weiterhin mit Lichtgeschwindigkeit) die „harte Schale" der Materieteilchen. Durch das ständige Kreisen mit Lichtgeschwindigkeit auf einer winzigen Kugeloberfläche wird das Materie-Teilchen fest, d.h. zwei Materie-Teilchen können zusammenstoßen. Zwei Materieteilchen können zudem nicht wie zwei Energiequanten gleichzeitig an demselben Ort sein.

Das Bild des Kreisens der Energiequanten mit Lichtgeschwindigkeit auf einer Kugeloberfläche paßt auch dazu, daß das Quadrat der Lichtgeschwindigkeit (c^2) eine Bewegung in zwei Richtungen ($c \cdot c$) zu sein scheint – und eine Kugeloberfläche hat wie alle Flächen ebenfalls zwei Richtungen.

- Wenn viel Materie an einem Ort zusammenkommt, wird die Gravitation schließlich so groß, daß die Materieteilchen, obwohl sie fest sind und gegeneinander stoßen, schließlich „zusammengequetscht" werden und noch einmal eine neue Form von Substanz bilden: ein Schwarzes Loch. Auch hier ist der Verwandlungsfaktor wieder „c^2". Wenn man Energie zu einem Schwarzen Loch „zusammenquetscht" ist der Verwandlungsfaktor daher „$c^2 \cdot c^2 = c^4$"

Die Gravitation, also die Zusammenziehung ist bei einem Schwarzen Loch so groß, daß selbst das Licht nicht mehr von diesem Schwarzen Loch fortfliegen kann – deshalb erscheint es im Gegensatz zu den leuchtenden Sternen als schwarz.

Die „Schrumpfung" von Materie zu einem Schwarzen Loch ist extrem: Wenn die ganze Erde zu einem Schwarzen Loch werden würde, hätte sie in einem Fingerhut Platz.

Es gibt also die Raumzeit, die Krümmungen in ihm (Energiequanten), die erste Verdichtung dieser Krümmungen durch „c^2" zu Materie sowie die zweite Verdichtung der Materie ebenfalls durch „c^2" zu der Substanz eines Schwarzen Loches.

Ein wenig bildhaft kann man sich die Raumzeit wie eine Wasseroberfläche vorstellen, die Energiequanten wie Wellen auf dieser Wasseroberfläche, die Materieteilchen wie Strudel, die sich auf der Wasseroberfläche gebildet haben, und die Substanz der Schwarzen Löcher wie Strudel, die sich extrem schnell drehen.

Schwarze Löcher entstehen, wenn sich viel Materie gegenseitig durch die Gravitation zueinander hin zieht. Da die Materie in der Mitte von Galaxien am dichtesten ist, entstehen Schwarze Löcher in aller Regel in der Mitte einer Galaxie.

Schwarze Löcher strahlen zwar kein Licht aus, weil ihre Gravitation so groß ist, daß sie die „Lichtstrahlen festhalten", aber die Gravitation der Masse, aus der ein Schwarzes Loch besteht, wirkt weiterhin. In dem Bild der Raumzeit als einer Wasseroberfläche wäre die Gravitation wie ein Trichter in der Wasseroberfläche, der durch den Strudel des Schwarzen Loches entsteht – und alles, was diesem Strudel zu nahe kommt, wird in ihn, d.h. in das Schwarze Loch hineingezogen.

Es gibt jedoch noch etwas zweites neben der Gravitation, das wieder aus einem Schwarzen Loch hinausgelangt: Dies ist das Magnetfeld.

Wenn sich ein elektrisch geladenes Teilchen bewegt, entsteht ein Magnetfeld. Wenn sich ein Planet wie die Erde, der auch viele elektrisch geladenen Teilchen enthält, dreht, wird das Magnetfeld dieser rotierenden Kugel (die Erde) zu zwei Strahlen zusammengefaßt, die entlang der Rotationsachse (Erdachse) dieser Kugel austreten – bei der Erde also am Nordpol und am Südpol. Diese beiden magnetischen Pole der Erde entstehen durch die Rotation der elektrisch geladenen Teilchen in der Erde. Dieses Magnetfeld einer rotierenden Kugel, das als je ein Strahl oben und unten entlang der Rotationsachse austritt, werden „Jets" genannt. Sie lassen bei der Erde in der Atmosphäre das Nordlicht entstehen und ermöglichen die Orientierung mit einem Kompaß.

Auch die Sonne und generell alle Sterne haben als rotierende Kugeln mit einer elektrischen Ladung zwei solche Magnetfeld-Jets. Dasselbe gilt auch für ganze Galaxien – dort sind diese Jets so groß und so stark, daß in ihnen Ionen fliegen, die zu leuchten beginnen, sodaß man diese Jets sehen kann.

Auch ein Schwarzes Loch hat zwei solcher Jets, die oben und unten an seiner Rotationsachse austreten und einen kleinen Teil der Materie, die in dem Schwarzen Loch zusammengequetscht worden ist, wieder nach außen abgeben. Ein Schwarzes Loch ist also nicht vollständig von seinem Umraum isoliert, sondern durch die Gravitation und seine beiden Jets mit seinem Umraum verbunden.

Die Art der Substanz, aus der ein Schwarzes Loch besteht, läßt sich anhand der Entstehung eines Schwarzen Loches noch ein wenig deutlicher darstellen:

- Zunächst befinden sich im Wellall einzelne Atome, die den sogenannten „Sternenstaub" bilden, also die Substanz, aus der sich Sterne bilden können.
- Dieser Sternenstaub wird durch die Gravitation dieses Sternenstaubs zusammengezogen und verdichtet sich zu „dichtem Sternenstaub".
- Als nächstes lagert sich dieser Sternenstaub dicht aneinander und bildet einen Stern, der jedoch noch nicht leuchtet, sondern dunkel ist – sozusagen

ein riesiger Staubklumpen.

- Wenn dieser Sternenstaubklumpen immer weiter wächst, weil er den Sternenstaub in seiner Umgebung durch seine Gravitation anzieht, wird der Druck in seinem Inneren schließlich so groß, daß einzelne Atomkerne zu größeren Atomkernen zusammengequetscht werden – vor allem Wasserstoff-Atomkerne zu Helium-Atomkernen. Dabei wird sehr viel Energie frei (Kernfusion), die den Staubklumpen, also den Stern schließlich zum Glühen bringt – der Stern beginnt wie unsere Sonne zu leuchten.

- Nun zieht ein solcher Stern natürlich immer mehr Sternenstaub an, wenn es genügend davon in seiner Umgebung gibt. Dadurch wird der Stern immer größer und schwerer und der Druck in seinem Inneren wird ebenfalls immer größer. Dieser Druck kann so groß werden, daß schließlich nicht nur kleine Atomkerne zu größeren Atomkernen zusammengequetscht werden, sondern daß sogar die Protonen aus den Atomkernen und die Elektronen aus den Atomhüllen zusammengequetscht werden – wodurch sie sich in Neutronen verwandeln. Dabei wird wieder sehr viel Energie frei: „1 Proton + 1 Elektron = 1 Neutron + viel Energie". Auf diese Weise entstehen Neutronensterne, die zwar nur ca. 30km im Durchmesser groß sind, aber sie sind keine „normale Materie" mehr, sondern ein 30km großer Atomkern, der ausschließlich aus Neutronen besteht.

- Wenn solche Neutronensterne noch mehr anwachsen, werden in ihrem Inneren sogar die Quarks, aus denen die Neutronen bestehen, zusammengequetscht und es entsteht sozusagen ein einziges, riesiges Materieteilchen: das Schwarze Loch. Daher hat das Schwarze Loch keine innere Struktur – es ist nur ein einzige Teilchen, ein einziges „Etwas".

Die Schwarzen Löcher sind also die vierte Stufe in einer Folge von Krümmungen der Raumzeit, die man auch als „Verdichtungen" oder „Kondensationen" bezeichnen kann, wobei „c^2" der Umwandlungsfaktor von einer zur nächsten Ebene ist.
Diese Folge ist:

1. die Raumzeit
2. die Energie (Energiequanten)
3. die Materie (Elementarteilchen, Atome, Gegenstände, Planeten)
4. die „Schwarzes Loch"-Substanz

- - -

Ein Schwarzes Loch ist nicht wirklich ein Loch und es ist auch nicht wirklich schwarz – es erscheint nur dem Betrachter als ein schwarzer Fleck im Weltall, weil das Schwarze Loch eine so große Gravitation hat, daß nicht einmal Licht von ihm fortfliegen kann.

Die Form eines Schwarzen Loches ist also kein Loch, sondern eine Kugel – allerdings eine Kugel aus extrem zusammengepreßter Materie.

- - -

Es gibt inzwischen auch erste Photos von Schwarzen Löchern. Auf ihnen ist zum einen das Schwarze Loch selber zu sehen und um dieses Schwarze Loch herum der Wirbel aus Materie, die von dem Schwarzen Loch angezogen wird und dabei durch Reibung zum Glühen gebracht wird.

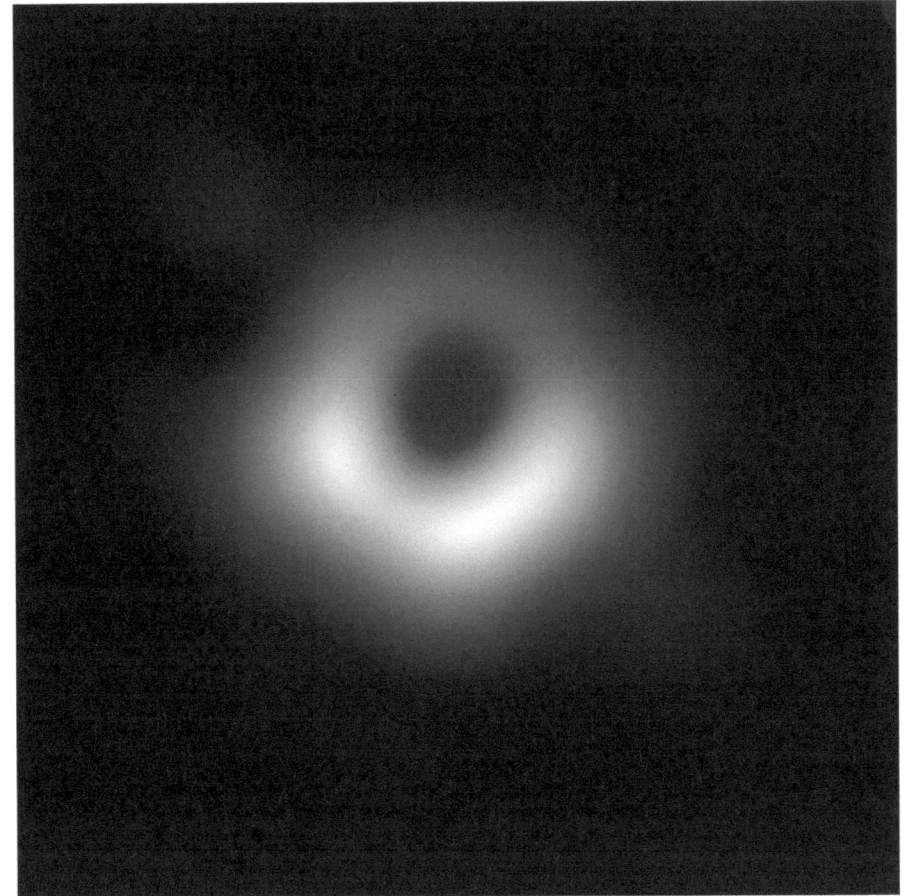

Schwarzes Loch: Aufnahme ohne Polarisations-Filter

9

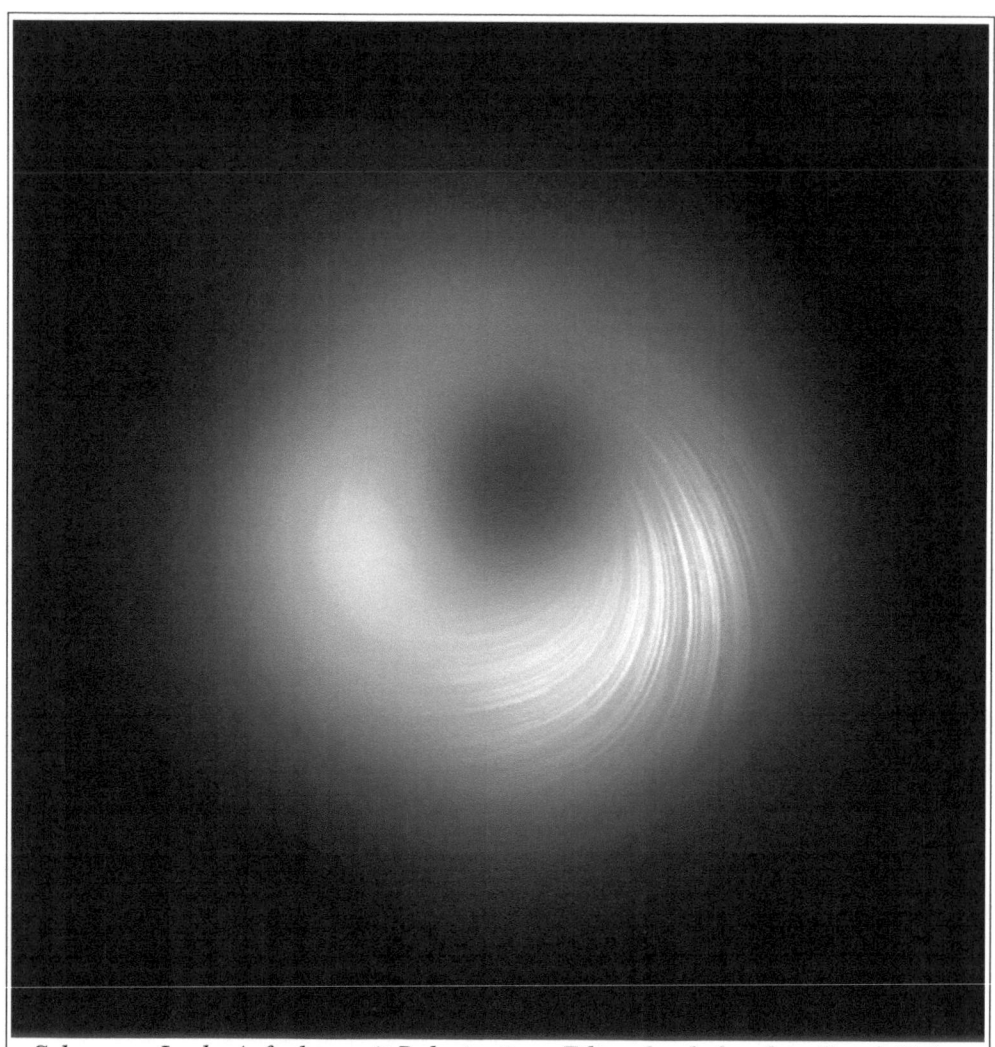

Schwarzes Loch: Aufnahme mit Polarisations-Filter, durch den der „Strudel" der Materie, die in das Schwarze Loch stürzt, deutlicher zu sehen ist

3. Schwarze Löcher auf dem Lebensbaum

Eine Möglichkeit, dem Wesen der Schwarzen Löcher näherzukommen, ist auch ihre Einordnung auf dem kabbalistischen Lebensbaum. Da die ausführliche Beschreibung des Lebensbaumes die Betrachtung der Schwarzen Löcher in diesem Buch sprengen würde, ist dieser Ansatz hier sehr kurz gefaßt.[1]

Diese Betrachtung (für die einige Kenntnisse in der Kabbala hilfreich sind) ist für das Verständnis der weiteren Überlegungen und Experimente auch nicht unbedingt notwendig, aber da diese Betrachtung evtl. ein paar nützliche Hinweise geben kann, wird sie hier trotzdem angeführt.

Um die Besonderheit der Schwarzen Löcher zu erfassen, genügt die Verwendung der „Mittleren Säule", die der zentrale Teil des kabbalistischen Lebensbaumes ist. Er besteht aus den folgenden Elementen, die jeweils einen jüdischen (aramäischen/ hebräischen) Namen haben:

Kether	- Einheit:	Ursprung
Da'ath	- Entfaltung, 1. Stufe:	Kontinuum, Grundlage
Tiphareth	- Entfaltung, 2. Stufe:	Essenz, Kern
Yesod	- Entfaltung, 3. Stufe:	Rhythmen, Koordination
Malkuth	- Vielheit:	Ergebnis

Vermutlich können einige Beispiele diese Struktur ein wenig deutlicher und greifbarer werden lassen:

Physik

Kether	- Einheit:	Raumzeit
Da'ath	- Entfaltung 1:	Energiequanten
Tiphareth	- Entfaltung 2:	Atome
Yesod	- Entfaltung 3:	Moleküle
Malkuth	- Vielheit:	Gegenstände

---

1 Eine kurze Darstellung des Lebensbaumes und seiner Anwendungsmöglichkeiten findet sich in meinem Buch „Kursus der praktischen Kabbala"; eine ausführliche Darstellung findet sich in meinem dreibändigen „Blüten des Lebensbaumes".

Staat

Kether	- Einheit:	Gründung
Da'ath	- Entfaltung 1:	Grundgesetz
Tiphareth	- Entfaltung 2:	Kanzler
Yesod	- Entfaltung 3:	Behörden
Malkuth	- Vielheit:	Volk

Auto

Kether	- Einheit:	Bedürfnis nach schnellerer Fortbewegung
Da'ath	- Entfaltung 1:	Bauplan
Tiphareth	- Entfaltung 2:	Lenkrad, Pedale
Yesod	- Entfaltung 3:	Motor
Malkuth	- Vielheit:	Karosserie

Evolution

Kether	- Einheit:	Einzeller
Da'ath	- Entfaltung 1:	Vielzeller
Tiphareth	- Entfaltung 2:	Fische
Yesod	- Entfaltung 3:	Landlebewesen
Malkuth	- Vielheit:	Menschen

Wenn man den gesamten Lebensbaum benutzt, wird diese Betrachtung natürlich sehr viel detailreicher, da die gesamte Lebensbaum-Graphik nicht nur aus 5 Elementen, sondern aus ca. 40 Elementen besteht – doch für die vorliegende Betrachtung reicht die vereinfachte Form der Mittleren Säule mit ihren 5 Elementen aus.

Wenn man den Lebensbaum der Physik nimmt, fällt auf, daß die Schwarzen Löcher zunächst einmal keinen Platz auf dieser Graphik haben – was ausgesprochen ungewöhnlich ist. Die bereits angeführte Mittlere Säule der Physik sieht wie folgt aus:

Kether	- Einheit:	Raumzeit
Da'ath	- Entfaltung 1:	Energiequanten
Tiphareth	- Entfaltung 2:	Atome
Yesod	- Entfaltung 3:	Moleküle
Malkuth	- Vielheit:	Gegenstände

Die Schwarzen Löcher und auch die Neutronensternen müßten hier eigentlich unterhalb von Malkuth folgen – zumindestens, wenn man sie entsprechend ihrer Dichte anordnet.

Es gibt lediglich noch ein zweites Beispiel für ein Element, das in meinen Überlegungen bisher nicht so recht in den Lebensbaum passen will: der Bewußtseinszustand der Ekstase, also die Einsgerichtetheit, die durch Konzentration, Angst, Schmerz, Lust oder Ekel entstehen kann.

Man könnte natürlich vermuten, daß die Schwarzen Löcher zu den Qlippoth gehören, also zu dem Bereich der Störungen, der Abweichungen von der richtigen Ordnung – also zum dem, was man den „Schwarzen Lebensbaum" nennen könnte.

Doch das wäre eine grobe Vereinfachung – und der Bewußtseinszustand der Ekstase hat sicherlich nichts mit irgendeiner Art von „kabbalistischer Hölle" zu tun.

Die Supernova, also die explodierenden Riesensterne, folgen noch den „normalen" physikalischen Vorgängen wie es sie auch in Atomreaktoren und in Atombomben gibt. Sie entsprechen auf dem Lebensbaum Yesod, da es sich hier um Vorgänge in Atomen bzw. in Atomkernen handelt.

Die Neutronensterne als riesige Atomkerne mit einem Durchmesser von ca. 30km gehören zu dem Bereich der Atomkerne auf dem Lebensbaum, also zu Tiphareth.

Die Schwarzen Löcher haben keine innere Struktur mehr, bestehen nicht mehr aus unterscheidbaren Teilchen, sondern sind ein Kontinuum – was der Charakter des Bereiches Da'ath ist.

Die Ekstase, also die innere Einsgerichtetheit, ist wiederum eine Voraussetzung zum Erreichen des Bewußtseinszustandes, der Da'ath entspricht und der dadurch gekennzeichnet ist, daß man die Auflösung aller Abgrenzungen erlebt. Dieser Zustand wird in der Regel durch Meditationen oder durch die Invokation einer Gottheit erreicht.

Himmelskörper		
Lebensbaum	*astronomischer Körper*	*Vorgang*
Kether	Raumzeit	Grundlage
Da'ath	Schwarzes Loch	Bildung eines „Teilchens"
Tiphareth	Neutronenstern	Bildung eines riesigen Atomkerns
Yesod	Supernova	Verwandlung von Atomkernen
Malkuth	Erde	ruhender Zustand

Hier zeigt sich wieder einmal, wie hilfreich es in der Forschung ist, wenn man zwei Probleme mit gleicher Grundstruktur hat – man kann beides kombinieren und gelangt dadurch meistens einen Schritt weiter.

In diesem Fall ist es die Erkenntnis, daß sowohl die Schwarzen Löcher als auch die Ekstase zu Da'ath und somit zu dem Zustand des abgrenzungslosen Kontinuums gehören.

Diese Überlegungen zeigen einen interessanten Aspekt:

- Die Geschichte beginnt mit der Raumzeit, die sich zunächst zu Energiequanten und dann zu Materie verdichtet – das ist der Weg von Kether (Raumzeit) über Da'ath (Energiequanten), Tiphareth (Atome) und Yesod (Moleküle) nach Malkuth (Alltagsgegenstände) – also der Weg von „oben" nach „unten" auf der Mittleren Säule.

- Von dort aus geht die Entwicklung dann jedoch von unten nach oben hin zum immer Größeren weiter: von Malkuth (Alltagsgegenständen) über Planeten (Yesod), Tiphareth (Sonne, Neutronensterne) und Da'ath (Schwarze Löcher) bis Kether (der „Endknall" als Gegenstück zum Urknall).

Das entspricht in etwa den Vermutungen von vielen Sciencefiction-Autoren (und einigen wenigen Physikern), daß Schwarze Löcher die Zugänge zu anderen Universen sein könnten. Dadurch ist u.a. das Modell des „Multiversums" entstanden, also die Vorstellung, daß es mehrere gleichzeitig existierende Universen geben könnte.

Wenn sich zeigen sollte, daß die Annahme, daß Schwarze Löcher die Tore zu anderen Welten sind, zutreffen sollte, wäre das natürlich ausgesprochen interessant, aber bisher ist das nur eine sehr vage Vermutung.

Die Menschen neigen dazu, hinter der Grenze des Bereiches, zu dem sie Zugang haben, stets das Besondere zu vermuten: einst die Unterwelt unter der Erde, in den tiefen Wassern oder im Himmel; später dann die Außerirdischen in ihren UFOs auf anderen Planeten; und heute die fremden Welten jenseits der „Tore" der Schwarzen Löcher.

Man sollte also zunächst einmal mit dem vorsichtig sein, was man in oder „jenseits" der Schwarzen Löcher vermutet.

Aufgrund der Betrachtungen in diesem Kapitel läßt sich lediglich mit einiger Sicherheit vermuten, daß das Innere eines Schwarzen Loches in einem Zustand des Kontinuums ist, d.h. (kabbalistisch formuliert) in einem Da'ath-Zustand.

Ob diese Erkenntnis für irgendetwas nützlich ist, wird sich im weiteren Verlauf der Betrachtungen zeigen.

4. Mögliche Bedeutungen in der Magie

Im Allgemeinen beginnt man mit einer Forschung entweder, weil man die Vermutung hat, daß man dabei etwas finden könnte, was nützlich ist, oder weil man neugierig ist.

In Bezug auf das Forschungsprojekt „Schwarze Löcher in der Magie" und somit auch in Bezug auf dieses Buch ist meine Motivation vor allem Neugier gewesen, aber auch die diffuse Ahnung, daß ich im Zusammenhang mit den Schwarzen Löchern etwas finden könnte, was meine Handlungs-Möglichkeiten erweitern könnte.

Natürlich läßt sich zunächst einmal nicht sagen, was das sein könnte, was man in den Schwarzen Löchern finden kann:

- Es könnte ein neuer Bewußtseinszustand sein – oder einfach ein tieferes Verständnis für die Ekstase oder ein leichterer Zugang zu diesem Bewußtseinszustand.

- Es könnte auch ein neues Verständnis für Gottheiten sein.

- Da sich die Schwarzen Löcher in der Mitte einer Galaxie befinden, sind sie das „Herz einer Galaxie". Das legt die Vermutung nahe, daß man in ihnen etwas finden könnte, was einem dabei hilft, dem eigenen Herzen treu zu sein, mutig zu sein, aufrichtig, unbeirrt und ähnliches.

- Die beiden Jets der Erde (Nordpol und Südpol), der Sonne, einer Galaxie und eines Schwarzen Loches entsprechen den beiden Strahlen, die aus dem Herzchakra nach oben und nach unten hin austreten. An ihnen befinden sich jeweils drei der Hauptchakren (Zentrum: Herzchakra; unten: Wurzelchakra, Hara, Sonnengeflecht; oben; Scheitelchakra, Drittes Auge, Halschakra). Dieser Lebenskraftstrahl wird im Yoga „Sushumna" genannt. Es wäre also auch denkbar, daß man durch die Erforschung der Schwarzen Löcher etwas Neues über diese Sushumna erfahren kann.

Nun ist es natürlich so, daß man etwas vermuten kann, was man finden wird, wenn man etwas erforscht – aber meistens gibt es doch die eine oder andere Überraschung.

Wie schon Tolkien seine Hobbits sagen läßt: „Es gibt nichts Besseres als Suchen, wenn man etwas finden will – aber man findet nicht immer das, was man gesucht hat."

5. Traumreise in ein Schwarzes Loch

Bei der Vorstellung, eine Traumreise in ein Schwarzes Loch zu unternehmen, ist mir ein wenig mulmig geworden und ich habe dieses Projekt einige Monate lang vor mir hergeschoben. Schließlich habe ich eine Bekannte, die andere Menschen in Hellsehen ausbildet, gefragt, ob sie mitkommen will. Ihr war auch ein bißchen mulmig bei dem Gedanken an eine Traumreise in ein Schwarzes Loch, aber sie war neugierig genug, um zuzusagen.

Uns schien beiden ein wenig Vorsicht ratsam zu sein – auch wenn möglicherweise auf dieser Traumreise gar nichts Bedrohliches geschehen wird (oder geschehen kann).

Ich habe für unsre gemeinsame Traumreise das Schwarze Loch im Zentrum unserer Galaxie („Milchstraße") ausgewählt – es lag nahe, zuerst einmal zu dem Schwarzen Loch in unserer eigenen „Heimat" zu reisen.

Unsere Traumreise hat etwas über eine Stunde gedauert. Wir haben diese Traumreise per Telefon gemacht und dabei unser Gespräch aufgenommen, das ich dann anschließend abgehört und aufgeschrieben habe.

Harry: *„Ja ... ehm ... ich meine ... es wäre vielleicht naheliegend, das Ganze erst mal langsam anzufangen, also nicht gleich mittenrein zu springen, sondern mal drauf zu zu fliegen ..."*

Silke: *„Mhm."*

Harry: *„ ... sozusagen zur Mitte unserer Galaxie und uns das erst mal von Ferne anzugucken und dann aus der Nähe und dann schaun wir mal, was da so ist und ... ja ... ob da so nach dem Prinzip, daß das Bewußtsein die Innenseite der materiellen Welt ist und die materielle Welt die Außenseite des Bewußtseins ..."*

Silke: *„Mhm."*

Harry: *„ ... und die Grenze dazwischen ist die Lebenskraft ..."*

Silke: *„Mhm"*

Harry: *„ ... daß wir da mal gucken, ob uns vielleicht auch – ja, wie soll ich sagen – uns die Bewußtseins-Seite des Schwarzen Lochs als Wesen erscheinen kann, wenn wir da noch nicht drinnen sind."*

Silke: *„Mhm."*

Harry: *„So ... daß wir uns da allmählich anpirschen ... um mal zu gucken, was ist da überhaupt ..."*

Silke: *„Mhm."*

Harry: *„ ... ja ... ..."*

Silke: *„ ... ja."*

Harry: *„ ... gut ... ja ... ... dann los?"*

Silke: *„Ja."*

Harry: „O.k. ... fühlt sich echt ein bißchen abenteuerlich an."

Silke: „Ja."

Wir müssen beide lachen und fühlen uns wie auf einer Entdeckungsreise – ein bißchen wie Kinder und ein bißchen wie Forscher ...

Silke: „Schon ein bißchen so, als würde man in so 'ne Raumsonde steigen und den Anzug anziehen ..."

Harry: „Ja."

Wir müssen nochmal lachen – da ist Abenteuer, es ist uns ein wenig mulmig, wir wissen nicht, was jetzt kommen wird ... Auf anderen Traumreisen z.B. zu Pflanzen-elfen oder in ein Chakra war das ein ganz anderes Grundgefühl – viel vertrauter und heimatlicher und sicherer ...

Harry: „Irgendwie ist das anders als sich 'ne Butterblume anzugucken ..."

Silke: „Mhm."

Harry: „Puh ... gut ... ehm ... soll'n wir uns erst mal innerlich treffen und dann nebeneinander losfliegen?"

Silke: „... mhm."

Harry: „Kommst Du hierher oder soll ich zu Dir rüberkommen?"

Silke: „... ja, ich komm rüber."

Harry: „O.k. ... ja, ich seh Dich ... Du bist rechts von mir?"

Silke: „Ja ... ja ..."

Harry: „Gut ... ... ja ... dann ... ehm ... laß uns einfach mal zum Himmel hoch fliegen ..."

Silke: „Ja, genau ... das seh ich auch so ..."

Harry: „... daß die Erde einfach so'n Stückchen hinter uns ist ..."

Silke: „Mhm."

Harry: „Und dann einfach mal am Himmel gucken, wo die Milchstraße ist ..."

Silke: „Mhm."

Harry: „Ehm ... also das ist ja sozusagen ... ehm ... also die Galaxie ist ja sozusagen – wie so'n UFO sieht die aus, wie so'n Spiegelei, wie so 'ne Scheibe mit 'nem Boppel, mit 'ner Kugel in der Mitte ..."

Silke: „Mhm."

Harry: „Und wenn man in der Galaxie drinnen ist, dann sieht man die Scheibe wie so'n weißen Streifen im Weltall, der einmal rings um einen herum im Kreis läuft – also die Milchstraße ..."

Silke: „Mhm.

Harry: „Ich glaube, ich hab sie auch gefunden. Von der Haltung aus, die ich hab, geht die vor mir von links unten nach rechts oben."

Silke: „Links unten nach rechts oben ... ja ... ... Ja."

Harry: „Jetzt müssen wir auf dem ganzen Ding – das geht ja wie so'n Kreis um uns rum ..."

Silke: „*Mhm.*“

Harry: „*... gucken, wo ist die Stelle, die am dichtesten ist, also am hellsten ...*“

Silke: „*Mhm.*“

Harry: „*... wo also die meisten Sterne sind ... da ist das Zentrum unserer Galaxie, also die 'Kugel' der Mitte der 'Scheibe' ... ... hm, das scheint mir praktischerweise vor uns zu sein ...*“

Silke: „*Hm ... ja ... so über uns, vor uns ... vorne oben ...*“

Harry: „*Ja ... dann fliegen wir da einfach mal hin, ne?*“

Silke: „*Ja.*“

Harry: „*Also sozusagen in diese Kugel aus dicht beieinander stehenden Sternen in der Mitte der Galaxie ... ... jut ... ... hm ...*“

Silke: „*Es wird wahnsinnig hell erstmal ...*“

Harry: „*Ja, ne? ... die Sterndichte ist einfach so groß, daß es sogar, ich sag das jetzt mal einfach so, Nachts, wo keine Sonne in der Nähe ist, trotzdem so viele Sterne am 'Nachthimmel' sind, daß es hell bleibt.*“

Silke: „*Ja.*“

Harry: „*Hm ... das hatte ich mir vorher auch noch nicht so genau überlegt, daß das so ja so sein muß ...*“

Silke: „*Hm.*“

Harry: „*... ... ... ja ... ...*“

Silke: „*Ehm ... ... hm ... ... irgendwie hab ich das Gefühl, daß es so hell ist, daß wir nicht weiterfliegen können, daß alles ... das ...*“

Harry: „*Daß man nichts sieht.*“

Silke: „*Ja ... man sieht nichts, genau.*“

Ich muß darüber lachen, daß es so hell ist, daß man nichts mehr sieht ...

Silke: „*Ja, so simpel, ja ...*“

Harry: „*Hm ... soll'n wir mal das Licht runterdimmen und uns sozusagen eine astrale Sonnenrille aufsetzen?*“

Silke: „*Ja, mhm ...*“

Silke muß über diese Vorstellung, auf einer Traumreise eine imaginierte Sonnenbrille zu tragen, lachen.

Silke: „*Hm ... ja, das ist besser ...*“

Harry: „*Gibt trotzdem ... sozusagen überall helle Lichtpunkte, also die vielen Sterne rings um uns herum ... ... hm – wo ist da die Mitte? ... ... weiter vorne, ne?*“

Silke: „*Ja.*“

Harry: „*... ... ... ja ... ... also langsam krieg ich das Gefühl, hier ändert sich was ...*“

Silke: „*Mhm.*“

Harry: „*... das fühlt sich anders an hier ...*“

Silke: „*Mhm ... und ich hab auch das Gefühl, daß es wieder dunkler wird ... und daß sich vor uns sowas wie ein Tunnel auftut ...*"

Harry: „*Ja – und da sind weniger Sterne ...*"

Silke: „*Ja.*"

Harry: „*So als wäre da in dem dicken Klumpen vor uns ein Bereich, in dem die Sterne schon ins Schwarze Loch gefallen sind ...*"

Silke: „*Mhm ... ja ...*"

Harry: „*Hm ... ...*"

Silke: „*Also – mein Eindruck ist, daß wir jetzt vor dem Eingang vor solch einem Schwarzen Loch befinden, also ...*"

Harry: „*Ja, glaub ich auch.*"

Silke: „*Das sieht aus wie 'ne Art Tunnel, der strudelförmig nach innen führt ... am Rand ist es noch ein bißchen heller, aber ... etwas weiter rein wird's dann ganz, ganz dunkel ...*"

Harry: „*Und der zieht kräftig, ne?*"

Silke: „*Ja.*"

Harry: „*Hm ... ... ehm ... ... eigentlich müßte man das Schwarze Loch ja ansprechen können, so wie man auch mit Pflanzen reden kann oder so ...*"

Silke: „*Mhm ...*"

Harry: „*Ehm ... Hallo, Schwarzes Loch? ... Ich fühl mich ein bißchen komisch hier, weil ich so gar nicht weiß, was Du bist ... magst Du uns irgendetwas sagen oder zeigen?*"

... ...

Silke: „*Hm ...*"

... ...

Harry: „*Was ist bei Dir, Silke?*"

Silke: „*Also, es zeigt sich in 'ner Form ... die ist nicht so viel anderes als der Tunneleingang, den ich eben beschrieb ... mit dem Unterschied, daß aber jetzt der weitere Teil sichtbar wird, also nicht nur der Eingang, sondern das Ganze sieht jetzt aus wie 'ne Art Röhre oder Trichter ... der Außenbereich, also der Rand ist breiter und das verschmälert sich dann ... sehr langgestreckt ... und es bewegt sich in wabernden Bewegungen ... also wie ne Windhose, die aufgehängt ist, oder wie 'ne Art Fisch mit 'nem riesigen Maul, es hat auch ... äh ... Huggel, also Wölbungen wie kleine ... äh, äh ... wie solche ... wie nennt man die denn? ... Segmente bei den Raupen ...*"

Harry: „*Mhm ...*"

Silke: „*... diese ... ja, wellenförmig ist die Außenschicht ... und ich hör auch ein Geräusch, das aber unverständlich ist – das ist, als würd' jemand mit 'nem zugestopften Mund sprechen ... so'ne Art 'ouououououh' ... sowas ...*"

Harry: „*Mhm.*"

Silke: „*... ja ... es ist schon ein bißchen unheimlich ... aber nicht direkt bedrohlich*

... ... mmh ... ... für mein Empfinden, ja ... "

Harry: „*Ja ... "*

Silke: „*Und das Ende kann ich gar nicht sehen – das sieht so aus, als würd' ... ich sag jetzt mal das 'Schwanzende' ... wenn ich's jetzt mit mal mit Tier oder 'nem Fisch oder Reptil vergleiche, dann ... ehm ... dann verjüngt sich das immer weiter und immer weiter und immer weiter und ich weiß gar nicht, wo's aufhört ... das ist dann nur noch so'n ganz dünnes Fädchen ... hm ... ... ja. "*

Harry: „*... Also, ich habe vor allem so 'ne Farbe gesehen ... das war nicht ganz schwarz, also eher wie dunkles Sepia oder so ... wie so'n dunkles Grau, das fühlte sich ... "*

Silke: „*Mmh ... "*

Harry: „*... irgendwie weich und glatt an, komischerweise ... ich habe kurz 'n Drachen gesehen, aber dann dacht ich 'Was macht der denn hier?'"*

Silke: „*Hm ... "*

Harry: „*Da war ich mir nicht so sicher, ob das stimmt ... so was wie'n Ton, so wie Du das beschrieben hast, den hab ich auch gehört ... ehm ... ich hatte das Gefühl, daß das Verstehen von dem, was ein Schwarzes Loch ist, eigentlich nur geht, indem man da rein geht, also ... "*

Silke: „*Hm ... "*

Harry: „*... daß man von draußen ... eigentlich nur sehen kann ... wie soll ich sagen? ... die Hinweisschilder, aber nicht die Sache selber. "*

Silke: „*Ja! ... Mhm ... Also, das ist interessant, daß Du das mit der grauen Farbe sagst – ich hab nämlich auch registriert, daß die Außenhaut – die war nicht schwarz, die war dunkel-gefleckt, Grau kam auch vor, Brauntöne, und fast auch noch was Gelblich-Grünes, wo Du gerade sagtest 'Drachen', also Kakhi-Grün – wo Du gerade sagtest 'Drachen', da dacht ich, naja, das ist einer Drachenhaut nicht unähnlich ... ja ... und ja, hineingehen – also vorstellen kann ich's mir, aber wie gesagt, es ist unheimlich, aber nicht wirklich existentiell bedrohlich ... so fühlt es sich nicht an für mich ... "*

Harry: „*Ja ... also dieses Gefühl von 'unheimlich', das hab ich auch sehr deutlich ... ... ich mein, das ist halt was ... was wir nie gesehen haben. Energie kennen wir als Licht; Materie kennen wir auch zur Genüge ... "*

Silke: „*Hm ... "*

Harry: „*... aber 'Schwarzes Loch'-Materie ist ja noch mal wieder 'ne andere Kategorie ... "*

Silke: „*Mhm ... "*

Harry: „*... und ... diese Anziehung da, das, was ich da wie so'n Loch sehe oder was Du so als Tunnel beschreibst, das ist ja im Grunde der Weg dorthin, das ist ja noch nicht die Sache selber ... "*

Silke: „*Mhm, mhm, ja ... "*

Harry: „ ... *hm ...* “

Silke: „ ... *hm ...* “

Harry: „ ... *wahrscheinlich, ehm ... ist Reinspringen jetzt das Geschickteste, ne?* “

Silke: „*Ja ... mmmm ...* “

Harry: „*Ja, gut ...* “

Silke: „*Meinst Du, daß man ein Seil befestigen kann, irgendwas, woran man sich dann zur Not wieder zurückhangeln kann oder so? ... äh ...* “

Harry: „*Ich glaub, man kann sich da wieder heraus-Wünschen ...* “

Silke: „*Ja ...* “

Harry: „*Außerdem hat auch ein Schwarzes Loch zwei Jets ... ehm ... also ... die Sonne rotiert, die hat elektrische Ladungen, also bildet sich ein Magnetfeld, also bewegte elektrische Ladungen machen ein Magnetfeld, und wenn der Körper rotiert, dann bündelt sich das Magnetfeld zu je einem Strahl an den beiden Polen – also bei der Erde ist das der Nordpol und der Südpol und ... bei der Sonne strahlt halt je ein Magnetstrahl nach oben und nach unten, in denen auch Ionen fliegen ...* “

Silke: „*Mmh ...* “

Harry: „ ... *oder auch bei der Galaxie geht senkrecht zur Rotationsebene 'n Strahl senkrecht nach oben und nach unten, so ... auch so'n Schwarzes Loch hat zwei solche Strahlen, also müßte man über diese Jets immer wieder rauskommen können ...* “

Silke: „*Mhm ... aha ... o.k. ...* “

Harry: „*Ich wüßte auch nicht, wo man hier ein Seil festmachen könnte ...* “

Silke lacht ...

Silke: „*Ja, das stimmt ...* “

Harry: „*Wie soll ich sagen ...* “

Silke: „*Ja, ne, hab ich auch schon ... Danke ...* “

Harry: „ ... *aus Energie und ... ehm ... ja, das ist ja ein Zustand in dem Schwarzen Loch, der von der Materie genauso weit entfernt ist, wie die Materie von der Energie entfernt ist ...* “

Silke: „*Mhm.* “

Harry: „ ... *und dann ein Energie-Seil zu nehmen ... tja ... ja ...* “

Silke: „*Ne ... ja, dann so ...* “

Harry: „*Dann machen wir das einfach mal ...* “

Silke: „*Ja, wird schon'n Weg wieder raus geben ...* “

Harry: „*Ja ... gut ... zusammen?* “

Silke: „*Ehm ... mhm ... ich nehm Dich mal an die Hand ...* “

Silke lacht über diesen etwas Kind-haften, Sicherheit-suchenden Wunsch, Hand in Hand in das Schwarze Loch zu springen ...

Silke: „*Ja, o.k ...* “

Harry: „*Und dann jetzt 'Hepp!', ne?* “

Silke: „*Ja ...* “

21

… … …   … … …   … … …
… … …   … … …   … … …
… … …   … … …   … … …

Harry: „Ja?"

Silke: „Also erst hab ich 'ne immense Beschleunigung gespürt, als würden wir wahnsinnig schnell durchs All zischen oder, ehm ... und auch durch, äh, Luft- oder was auch immer Widerstand ... fühlt sich fast ein bißchen wie Wasser-Widerstand an, also daß die Haare einem so am Kopf klebten, flatterten ... und, ehm ... ich hab mich, ehm, enger an Dich geschmiegt, um nicht zu sagen festgeklammert ..."

Silke muß lachen …

Silke: „ ... oder wir uns aneinander ..."

Harry: „Hm ..."

Silke: „ ... und das war schön! Das ist mir auf jeden Fall aufgefallen, daß sich das gut angefühlt hat ... und, ehm ..."

Harry: „Das Zischen oder das Festklammern?"

Silke: „Das Aneinander-Festhalten."

Harry: „Ah, ja."

Silke: „ ... in diesem Beschleunigen, also das war ..."

Harry: „Ja ..."

Silke: „ ... wie Achterbahn-Fahren ... also den Kick und ..."

Harry: „Ja ..."

Silke: „ ... vielleicht hat das auch so'n leichtes High-Gefühl verursacht, weil ich das in dem Moment einfach ganz schön fand, so Arm in Arm mit Dir zu sein, so wie verliebt ... also das war, als würde das unheimlich intensiviert, das Gefühl ... und, ja, ehm ..."

Harry: „Ja, jetzt versteh ich, wie Du das meinst, ja."

Silke: „Ja ... mhm ... und dann hatte ich den Eindruck, daß diese Beschleunigung nachläßt bzw. ich hab innerlich auch gefragt 'Soll das jetzt ewig so weitergehen?' und dann innerlich, glaub ich, den Gedanken gehabt – den Wunsch ausgesprochen, wäre zuviel gesagt, aber ... daß ich dachte 'Jetzt mach einfach langsamer!' und dann hat das auch entschleunigt ... ich glaube, das es so war ... daß ich ganz stark den Gedanken hatte 'Boah – das kann jetzt aber nicht ewig so weitergehn!', 'Ich kann nicht ewig so weiterfliegen!'"

Harry: „Mhm ..."

Silke: „Mmmh ... das war der Stand der Dinge ... hm ... dann hat es auch entschleunigt ... und dann ... ja, weiß ich gar nicht so genau ... 'ne Art schwebender Zustand ... ehm ... ... ja, und jetzt spür ich eher 'ne Weite – 'ne Weite, die sich wirklich unendlich anfühlt – also noch mal anders als wenn man den Himmel über sich sieht, also den Nachthimmel – das kann ja auch schon 'n Gefühl von immenser Weite ... ehm, vermitteln – aber das ist jetzt noch mal anders ... das ist jetzt nicht nur

22

der Himmel, der sich über einem wölbt, sondern das ist Weite ... mit dem ganzen Radius drumherum, 360° ... "

Harry: „*Hm ... "*

Silke: „ *... und wirklich schwarz, also so tiefschwarz wie ... als wären das Pigmente pur ... so was Samtiges hat das ... "*

Harry: „*Mhm ... "*

Silke: „ *... oder wie tiefschwarze Tinte, also ... wie ... fast fühlt es sich stofflich an, diese Farbe ... ... "*

Harry: „*Ehm – ich sag grad mal, was ich erlebt hab auf der ... auf dem Weg dahin ... "*

Silke: „*Ja. "*

Harry: „ *... also, ich hatte auch dies Gefühl ... da rein gezogen zu werden und ich komm wirklich in was anderes hinein ... also, ich hab Dich da gar nicht so intensiv wahrgenommen – ich war so beschäftigt mit dem, was da passiert; ich wußte, Du bist da neben mir, aber ich habe hauptsächlich die ... ja, es ist kein Fallen, es ist irgendwie ein Reingezogenwerden, das ich da wahrgenommen habe ... "*

Silke: „*Mhm. "*

Harry: „ *... das ist auch ... das ist gar nicht unangenehm, komischerweise ... "*

Silke: „*M-m. "*

Harry: „ *... wie ich das eigentlich gedacht hätte ... und das ist wie in ... ... wie in 'ne andere Art von Raum reinkommen ... also ... normalerweise ist in 'nem Raum, in dem man sich als Mensch befindet, ja einfach Luft oder, ja, evtl. mal Wasser, aber normalerweise Luft ... und da hab ich das Gefühl, dieser Raum ist sozusagen Substanz, als wäre das ... ja, als wäre ich im Felsen und der Felsen ist der Raum ... "*

Silke: „*Hm ... "*

Harry: „ *... als wär ich etwas, was noch soviel dichter ist als der Felsen ... daß der Fels für mich wie Raum geworden ist ... "*

Silke: „*Mhm ... "*

Harry: „*Also, das ist jetzt ... ehm ... ja ... sehr bildhaft beschrieben, weil ich gar nicht so genau weiß, wie ich das machen soll – das beschreiben soll ... "*

Silke: „*Mhm ... "*

Harry: „ *... also auch, wenn ich hier so um mich gucke: Ich nehm auch diesen Raum wahr, der ist dunkel, aber dieser Raum ist irgendwie Substanz ... "*

Silke: „*Mhm ... "*

Harry: „ *... also das ist nicht einfach Leere oder Luft oder so, wo man sich hier drin bewegt, sondern das ist ... ... ja, ich kann's eigentlich nicht anders als einfach als 'Substanz' bezeichnen ... "*

Silke: „*Mhm ... "*

Harry: „ *... und was ich da auch empfinde, das ist ... so 'ne Ruhe und so 'ne Fried-lichkeit und so 'ne ... ja, wie soll ich sagen? ... völlige Sicherheit in dem, was ich bin*

– die ist da ..."

Silke: „*Mhm ...*"

Harry: „ *... also da sind keine Zweifel oder Abweichungen oder ... also irgendwie können da diese üblichen Störungen, die man so im Leben in seinem Selbstausdruck hat ... die können irgendwie gar nicht sein ...*"

Silke: „*Mhm ... ja ... mhm ... also, daß kann ich auch nachvollziehen – also, ich fühl mich da auch wohl ... sehr ... mhm ...*"

Harry: „*Also, ich hab ja gehofft, daß da irgendwas ist, was sich gut anfühlt, aber sicher war ich mir da ja nicht ...*"

Silke lacht ...

Silke: „*Mhm ... also, ich glaub, das Verliebtheitsgefühl auf dem Weg dahin, das auch durch diesen Kick ausgelöst wurde, das hat auch damit zu tun ... also jetzt ist das in der Form von Verliebtheit nicht mehr spürbar ... aber auf jeden Fall ... ein komplett Einverstanden sein mit der Situation ... und das, was Du 'Substanz' nennst ... ja, das ist das, was ich ... das ist, denk ich, das, was ich damit ausdrücken wollte, daß es sich samtig anfühlt ...*"

Harry: „*Ja ... ja ...*"

Silke: „ *... wie Pigmente, wie Pigmente pur in Pulverform ...*"

Harry: „*Mhm ...*"

Silke: „ *... oder wie tiefschwarze Tinte, irgendwie ... man kann's anfassen, ist mein Eindruck ...*"

Harry: „*Man kann den Raum anfassen, indem man drinnen ist, ne?*"

Silke: „*Ja.*"

Silke lacht ...

Harry: „*Das ist ein bißchen komisch ...*"

Silke: „*Mmmh ...*"

... ...

Harry: „*Ja?*"

Silke: „*Mir kommt grad der Gedanke, ob hier noch jemand ist ... ... oder die Frage ... ...*"

Harry: „*Zumindestens ist da ein Bewußtsein da ... ...*"

Silke: „*Mhm ... ...*"

Harry: „*Das kann ich spüren ...*"

Silke: „*Mhm ...*"

Harry: „*Ich hab irgendwie den Eindruck, daß das einfach da ist, daß das gar nicht so sehr ... ... wie soll ich sagen? ... ... Impulse hat, also ... irgendwas zu tun oder so ...*"

Silke: „*Mhm ... ...*"

Harry: „*Ehm ... soll'n wir versuchen, damit zu sprechen?*" ...

Silke: „*Mhm ...*"

Harry: „Ehm ... Bewußtsein von diesem Schwarzen Loch ... ich weiß gar nicht, wie ich Dich nennen soll ... ... magst Du uns etwas zeigen ... oder uns etwas sagen, damit wir Dich besser kennenlernen und verstehen können?"

... ...
... ...
... ...

Harry: „Ich hör so was wie'n Rumpeln, was so wie ein ganz tiefer Baß klingt ... ..."

Silke: „Mhm ..."

Harry: „Wie so'n Vibrieren ... ..."

Silke: „Hm ..."

Harry: „Kann sein, daß das 'ne Übersetzung von irgendwas ist, was eigentlich was anderes ist ..."

Silke: „Ja ... seltsam ... ich sah nämlich ... 'n Bild von 'nem Huhn und hab auch so was wie'n Gackern gehört ..."

Silke muß selber darüber leise vor sich hin lachen ...

Silke: „ ... was jetzt aus meiner Warte zunächst einmal gar nicht passen würde dazu als Geräusch, aber ... dieses Bild von dem Huhn das verschwand ... das war wie 'ne ... ... Darstellung aus 'nem ... Zeichentrickfilm ... das guckte so'n bißchen traurig mit Tränensäcken ... und dann hat es sich – also, ich sah nur den Kopf, das Gesicht von dem Huhn ... und das hat sich dann gedreht, ich guckte dann wie von oben drauf ... das hat sich gedreht und dann hat es immer neue Formen angenommen – es blieb immer Huhn, anfänglich war es noch als Huhn erkennbar, aber es hat immer, ehm, neue Stilformen angenommen ... also mal war's 'ne gußeiserne Figur, mal war's 'ne Comicfigur, dann war's was Gezeichnetes, dann war's ... 'n echtes war gar nicht dabei – es waren immer Darstellungen ... 'n Huhn ..."

Silke lacht leise vor sich hin über dieses 'kosmische Huhn' ...

Harry: „Mhm ..."

Silke: „Das versteh ich jetzt im Moment noch gar nicht ... ich weiß auch nicht, ob mir vielleicht einfach etwas anderes dazwischen gekommen ist ... es hat sich rechtsrum gedreht jedenfalls ... dieser Kopf, immer ... den ich da seh ... anfangs war'n Hühner-Geräusch zu hören wie Gegacker, leise, also nicht so aufdringlich ... das ist jetzt aber auch wieder verschwunden, das Bild auch ... ich weiß nicht, ob das damit überhaupt im Zusammenhang steht ... hm ... ..."

Harry: „Mir fällt grad noch was auf ... ich könnte zwar von außen her sagen, wo hier die Grenzen sind von diesem Schwarzen Loch, aber wenn ich da drinnen bin, fühlt sich das eigentlich nicht so an ... als ob das ein Ort wäre ... der keinen Rand und keine Mitte hätte, sondern der so wie ... ja, ich sag mal, der so wie 'ne Kugeloberfläche auch keinen Rand und keine Mitte hat, ne ..."

Silke: „Mmh ... mhm, mhm ..."

25

Harry: „*Die Kugeloberfläche hat zwar 'ne bestimmte Fläche, aber ... Du kannst da nicht irgendwo einen Punkt hervorheben – die sind eigentlich alle gleich ...*"

Silke: „*Ja ...*"

Harry: „*... und so ähnlich fühlt sich das hier an diesem Platz an ... als gäb's eigentlich nicht wirklich ... ein Zentrum oder einen hervorgehobenen Ort oder einen Ort, der anders ist als die anderen Orte ...*"

Silke: „*Mhm ... ja, das kann ich auch erfühlen oder wahrnehmen ... also als Bild dazu sah ich eine Art Zylinder mit zwei Enden, die offen sind, wo's ... an beiden Enden ... wo an beiden Enden was durchfließen kann und das auch tut ... also wie 'ne Fontaine, die sich nach beiden Enden ... die zu beiden Enden rausprudelt, dann ... hm ... 'n Kreislauf bildet an der Außenseite entlang und dann wieder nach innen rein ... aber in beide Richtungen ist das möglich ... und gleichzeitig sah ich auch 'n ganz asymmetrisches Gebilde ... und das war dauernd in Bewegung und Veränderung, aber auch ... also ... ... hm ... ja, das war'n ... das widerspricht auf jeden Fall den physikalischen Gesetzen, daß ... ... irgendwas in eine Richtung fließt, zum einen Ende raus, zum anderen rein – das war beides gleichzeitig möglich ... ... ja ... ...*"

Harry: „*Also, wenn Du 'ne Röhre hast und da gleichzeitig was von oben nach unten und von unten nach oben fließt?*"

Silke: „*Mhm, genau – und von unten nach oben und oben raus, an der Außenseite nach unten und von unten wie rein – und das aber auch gleichzeitig in beide Richtungen ... ...*"

Harry: „*Das sieht so'n bißchen so aus wie das Magnetfeld eines rotierenden Körpers, was Du da beschreibst ...*"

Silke: „*Mhm ...*"

Harry: „*Also, das, was ich vorhin meinte, wodurch die beiden Jets entstehen ...*"

Silke: „*Ah, ja!*"

Harry: „*Das ist eigentlich 'ne ziemlich gute Beschreibung ... die Jets liegen dann auf der Längsachse dieses Zylinder, der dann um diese Achse rotieren müßte ...*"

Silke: „*Mmmh ...*"

Harry: „*Ich habe, als Du das gerade erzählt hast, auch dabei geguckt, wo diese Jets hier sind, wie man da hinkommt ...*"

Silke: „*Mhm ...*"

Harry: „*Weiß ich jetzt aber noch nicht ... ... ehm – ich würde gerne mal gucken, in welcher Form ... dieser Zustand hier oder dieser Ort ... auf meine Chakren oder auf meine ... Haltung oder so ... wirkt, weil mir das ... unklar ist, aber ich irgendwie das Gefühl habe ... das da was ist, was da passiert ...*"

Silke: „*Mhm ... ja ...*"

Harry: „*Ich mein, sowas, wie ich Dir gestern erzählt habe oder wann war das? Vorgestern? Gestern, ne? So mit der Verbindung vom Herzchakra zur Erde runter* und vom Herzchakra zur Sonne hoch ... irgendwie so – ich habe das Gefühl, irgendwie so was in der Art ist da auch, aber ... "

Silke: „*Mhm ...* "

Harry: „... ... ... *oh, ich glaub, ich hab was – guck du auch erst noch mal ...* "

Silke: „*Mhm ...* "

... ...

Silke: „*Also, die stärkste Wirkung spür ich auf mein Stirnchakra ... ... das ist wie 'ne Ausdehnung ... ... ehm ... ...* "

Harry: „*Wo Du das sagst, reagiert mein Drittes Auge sofort und beginnt zu pulsieren ... ...* "

Silke: „*Mhm ... ... mhm ... ja, das Pulsieren spür ich auch, aber ich spür vor allen Dingen Ausdehnung und daß das Blickfeld geweitet wird – das innere Blickfeld auch ... hm ... aber es ist wohl 'n bißchen ... diesig ... hm ... noch ... ... und es macht auf der einen Seite auch ein Gefühl – daß ich mich innerlich mehr ausdehne ... daß mehr Freiheit entsteht – und auf der anderen Seite ist es irgendwie auch anstrengend ... also entspannend und anstrengend gleichzeitig – seltsam ... ...* "

Harry: „*Ich hatte so ... das Gefühl ... daß sozusagen das Innerste von meinem Herzen, also das, was ... ja, im tibetischen Buddhismus der 'dreifache Knoten' genannt wird, so das Zentrum des Herzchakras ... also das Letzte, was sich auflöst, bevor man eine Inkarnation aufhört, also stirbt ... das ist wie so'n Punkt irgendwie ... der entweder mit dem Schwarzen Loch verbunden ist oder 'ne ähnliche Qualität hat oder ... in Resonanz damit ist ...* "

Silke: „*Mhm ... mhm ...* "

Harry: „*Und die Verbindung ist eindeutig anders als die vom Herzchakra zur Erde oder zur Sonne, weil ... das ist sozusagen ... ... da ... fließt was hin und her zwischen dem Herzchakra und der Erde bzw. der Sonne – aber bei diesem Punkt im Herzen – geht die Verbindung nicht zu 'nem anderen Ort, die geht nach innen ...* "

Silke: „*Mhm ...* "

Harry: „*Wie zu 'ner Essenz hin oder so ...* "

Silke: „*Also, das kann ich gut nachvollziehen, was Du beschreibst und ... stimmt ... ich hatte auch schon bevor Du das beschrieben hast ... auch schon was im Herzen gespürt – das war aber noch nicht gut zu greifen ... das mit dem Dritten Auge war viel prägnanter ... aber das war, als würde durch die Bewegung im Dritten Auge, durch diese starke Bewegung, als würde ich da das Herz auch deutlicher spüren ... als sei da die Verbindung zum Herzen auch deutlicher spürbarer ...* "

Harry: „*Mhm ...* "

Silke: „*Und während Du erzählt hast, hab ich auch tatsächlich mein Herz punktueller ... punktueller gespürt, also ... ich weiß nicht, wo da die drei Knoten sind, aber ... ehm ... es fühlt sich schon an, also ob ... da ... ja, ein Schmerz ist das nicht, aber wie'n leichter Druck oder wie'n ... jetzt auf organischer oder körperlicher Ebene ...*

spür ich das schon auch ... und ... ... ja, es macht auch was mit meinem Zustand ... ehm ... auf der einen Seite habe ich auch das Gefühl, daß da Weite ist oder mehr Weite, und gleichzeitig ist da auch'n Gefühl von 'Ha, das ist aber anstrengend!' ... "

Silke lacht über das, was sie gesagt hat ...

Silke: *„Das ist es wieder – daß ich's anstrengend finde! Weil das so ungewohnt ist. ... ... Und irgendwas ist immer wieder gräulich oder diesig ... ... "*

Harry: *„Ist das das Loslassen, wenn man sozusagen in seine Essenz zurückgeht? Und entsteht dann das Anstrengende, wenn man dann diese eigene Essenz in dieser Welt ausdrücken will?"*

Silke: *„... hm ... ... jaah ... "*

Harry: *„Also, ich hab grad versucht, da bei mir mal im Herzchakra nachzuspüren ... ich hab es nicht wirklich als Anstrengung empfunden, sondern mehr wie eine ... Konzentration oder Ausrichtung oder ... ja ... Entscheidung ... ja, sowas in der Art ... "*

Silke: *„Jaah ... ... ja, das kann gut sein, das das damit zu tun, mhm, so wie Du das formuliert hast, also ... mhm ... ... und die Anstrengung kommt bei mir, denk ich, tatsächlich von dem Ungewohnten ... also daß das ungewohnt ist, das das auf ... ... auf präzise Weise umzusetzen oder ... äh ... ... hm ... ... Diese Weite in dem irdischen Leben ... zu haben ... ja, das ist schon anstrengend ... "*

Silke muß wieder darüber lachen, was sie sagt ...

Silke: *„ ... im Moment ... "*

Harry: *„Also ich finde das ... es fühlt sich für mich eher an wie etwas, was mich trägt und was mir ... so 'ne gewisse unbekümmerte Selbstverständlichkeit gibt ... "*

Silke: *„Mhm ... ... "*

Harry: *„Das ist so als würde ich aufhören, mir zu sehr zu überlegen, was könnte denn alles passieren, wenn ich das so und so mache und dies und das tue – und dann einfach so'n bißchen unbekümmert ... ... so bin, wie ich bin. "*

Silke: *„Mhm ... ... hm ... ... Ja, weiß ich auch nicht, also, mmmh ... ... vielleicht, ehm ... ... vielleicht hat es damit zu tun, daß, ja ... wie ich schon gesagt hab, daß es ungewohnt ist oder unvertraut, und daß da 'ne Sehnsucht entsteht, da einfach ... auf 'ner Holzbank unter 'nem Apfelbaum zu sitzen ... etwas ganz Irdisches ... Materielles ... "*

Silke lacht über das, was sie sagt ...

Silke: *„ ... normales Schönes ... Natürliches ... "*

Harry: *„Ah – so meinst Du das ... ja ... "*

Silke: *„Vielleicht ist es das ... ... dieser Aufenthalt da in dieser Dimension – das ist auf eine Art ungewohnt und anstrengend ... mhm ... ... ehm, ja, wobei ich dieses Selbstverständnis und diese Unbekümmertheit – das kann ich schon nachvollziehen – das war aber auf dem Weg dahin stärker ... "*

Harry: *„Aha ... ... Ich versuch gerade zu erfassen ... was ... wie soll* *ich sagen? ... das, was da in diesem Schwarzen Loch ist – welche Wirkung das so in meinem Leben haben könnte oder ob es da was gibt ... wo mir das helfen könnte ... "*

Silke: *„ Mhm ... ... "*

Harry: *„ Und im Grunde, glaube ich, ist das ganz schlicht ... ja ... keinen Mangel, keine Ängste und keine Selbstzweifel mehr haben ... und einfach so ... ich bin halt da so ... in Fülle, Kraft und Selbstliebe ... "*

Silke: *„ Mhm. "*

Harry: *„ Das klingt jetzt so bombastisch, ne? "*

Silke: *„ Hm ... "*

Harry: *„ Aber ich hab so das Gefühl, an dem Platz, wo ich jetzt bin oder wo wir jetzt sind ... da ... ist einfach kein Raum für falsche Vorstellungen über sich selber. "*

Silke: *„ M-m. " ... ...*

Harry: *„ Und das so als Hintergrund zu haben, das ... könnte ich mir vorstellen, daß das sehr angenehm ist. "*

Silke: *„ Mmmh ... ... hm – also, wenn ich mich das frage ... "*

Harry: *„ Mhm ... "*

Silke: *„ ... dann ... ... ja, dann könnt ich ein Stückchen von dieser ... Leichtigkeit und diesem ... ja, das auf diesem Weg dorthin, das Verliebtheitsgefühl, ehm, damit einhergehend war ja auch das Gefühl verbunden, daß ... das Selbstverständnis von mir ... in Frieden ist ... das ich mit mir in Frieden bin und das grad, so wie ... so wie's grad ist, find ich's gut, also daß ich einverstanden bin ... "*

Harry: *„ Mhm. "*

Silke: *„ Daß das jetzt nicht mehr so deutlich ist, das führe ich tatsächlich darauf zurück, daß das für mich total ungewohnt ist und ... ... also da in der Atmosphäre jetzt zu sein, ja, in der Dimension zu sein ... und ich möchte dies Gefühl einfach auf 'ner Parkbank oder auf 'ner ... alten, halbvermoderten Bank in 'nem alten, verwilderten Garten unter 'nem Apfelbaum haben ... "*

Silke lacht wieder ...

Silke: *„ Vielleicht ist das so mein persönliches ... eins von meinen persönlichen Bildern vom Paradies, glaube ich ... also, das gibt es auch schon hier auf der Erde, da hab ich das Gefühl, dazu muß ich nicht in so 'nem Loch, in so 'nem Schwarzen Loch sein ... "*

Silke lacht wieder ...

Silke: *„ Also, es ist ein bißchen wie Heimweh ... vielleicht ... hm ... was ich grad hab – Heimweh nach der Erde ...*

Harry: *„ Ja, das Gefühl, das ich hier auch hab, das ist so in der Essenz sein – ich bin sozusagen ... äh ... der Apfelkern, aber nicht der Apfelbaum ... "*

Silke: *„ Mhm ... "*

Harry: *„ Wenn ich nach draußen geh, wird aus dem Apfelkern wieder der Apfelbaum ... "*

Silke: „*Mmmh ...* "

Harry: „*Also, so wie ich das Gefühl hatte ... das geht so ganz in das Zentrum von meinem Herzchakra, also meine Seele, ne?* "

Silke: „*Mhm.* "

Harry: „*Ich weiß zwar nicht so genau ... wieso das mit 'nem Schwarzen Loch verbunden ist, außer ... daß das ... ja ... in unserem Weltall das Schwarze Loch im Zentrum einer Galaxie ist sozusagen ... daß es sozusagen der Extremfall für ein Zentrum ist – und das Herzchakra ist ja auch das Zentrum ...* "

Silke: „*Mhm.* " ... ...

Harry: „*Mir gingen grad noch so'n paar Gedanken durch den Kopf, wieso das Weltall nach dem Urknall eigentlich kein Schwarzes Loch gewesen ist – weil die Materie ja so dicht war ... aber da gab's ja diese extreme Ausdehnung – das inflationäre Weltall ... aber ich glaube, da denk ich später mal drüber nach ...* "

Silke lacht schmunzelnd über meine Gedanken …

Silke: „*Mhm ...* "

Harry: „*Ich frag mal ... dieses Schwarze Loch, in welcher Weise es mir bzw. uns und anderen helfen kann, also ... ja, in welcher Form es das Leben einfacher machen könnte ...* "

Silke: „*Mhm ... ...* "

Harry: „*Ja – kommt sofort was ...* "

Silke: „*Mhm ... ... also wenn ich das frage, dann kommt einfach ... gemütlich-entspannt hier sein ... oder da sein ...*

Harry lacht leise schmunzelnd … Silke schmunzelt mit …

Harry: „*Wahrscheinlich kriegt grad jeder von uns das zu sehen, was er brauchen kann ...* "

Silke: „*Jo!* "

Harry: „*Also ...* "

Harry muß kurz über die Situation lachen …

Harry: „*Bei mir kam so 'ne ganz große Intensität, so ... ja – wie soll man das ausdrücken? ... die eigene Identität ... daß ich so intensiv sehe und wahrnehme und spüre, wer ich bin ... daß es überhaupt nicht geht, daß ich mich in irgendeiner Form verbiege oder anpasse oder so ...* "

Silke: „*Mmmh ...* "

Harry: „*Sondern ich bin da einfach der, der ich bin.* "

Silke: „*Mhm.* "

Harry: „*Also sozusagen als wäre ich normalerweise 'ne flackernde Kerze im Wind und jetzt bin ich so'n richtig solider Laserstrahl, ne?* "

Silke: „*Mhm.* "

Silke lacht …

Harry: „*Oder, äh ... da kann niemand was dagegen machen ...* "

Harry lacht über das Bild …

Harry: „ … *der Laserstrahl ist einfach da, ne?* "

Silke: „*Mhm.* "

Harry: „ *Und wenn da Wind weht, ist das für den Laserstrahl ziemlich wurscht.* "

Silke: „*Mhm … hm … … … mhm … … …* "

Harry: „ *Und ich hab das Gefühl, daß aus diesem Zustand heraus etwas wünschen, daß das … irgendwie … ziemlich kräftig wirkt … … …* "

Silke: „*Hm … ja …* "

Harry: „*Einfach, weil man aus diesem Zustand heraus, also wenn man da wirklich ist … eigentlich nur Dinge wünschen kann, die wirklich … also, ich sag jetzt mal, die wahr sind – also 'wahr' in dem Sinne … daß sie wirklich Ausdruck von dem sind, was ich bin … … …* "

Silke: „*Mhm …* "

Harry: „ *… und von daher sich auch umsetzen …* "

Silke: „*Mhm … … …* "

Harry: „*Daß das ein bißchen so ist, nunja, wie die Wunschperle von den chinesischen Drachen …* "

Silke: „*Mhm …* "

Harry: „ *… nicht ganz exakt so, aber so ähnlich …* "

Silke: „*Mhm … … … Möchtest Du denn grad etwas wünschen?* "

Harry: „*Nö, im Moment eigentlich nicht … jetzt grad – nö … ich guck noch mal genauer … … …   … … …   … … … das einzige, was mir so einfällt, ist so wie … … … immer ganz da sein und präsent sein und nicht … … … wie soll ich sagen? … … … keine Vorstellungen um mich drumrum hüllen, durch die ich mich selber nicht sehe oder … ja, nicht irgendwelche Dinge tun, die nicht exakt das sind, was ich tun will …* "

Silke: „*Mhm … mhm … … …   … … …   … … …* "

Harry: „*Da merk ich sofort, wenn ich mir das so vorstelle … ja … dem nachspüre … daß sich dann mein Leben noch viel mehr mit, ja, mit Fülle und Kraft und Selbstliebe füllt …* "

Silke: „*Mhm … … …* "

Harry: „*Hm – gibt's bei Dir was, was Du Dir da wünschen willst?* "

Silke: „*M-m … ne, ich hab da einfach nur … intensiv das Gefühl … daß ich … einfach nur hier sitze …* "

Silke lacht …

Harry: „*Ja …* "

Silke: „ *… und … da bin ich einfach total glücklich mit …* "

Silke lacht noch mehr …

Harry: „*Ja, ich hab auch so das Gefühl … daß das Wünschen … das ist da irgendwie gar nicht so … gar nicht notwendig, ne?* "

31

Silke: „*M-m.*"

Harry: „*Das würde da ... weil man da wirklich so ist, wie man ist ... da kommt das automatisch, daß die guten Sachen kommen ...*"

Silke: „*Mhm.*"

Harry: „*Also man muß dafür nichts in Bewegung setzen ...*"

Silke: „*M-m, genau ... ja – das wär mir jetzt auch viel zu anstrengend ...*"

Silke lacht ...

Harry: „*Das Wünschen wäre eher ein Rausgehen aus dem Zustand, in dem wir hier sind, ne?*"

Silke: „*Mhm.*"

Harry: „*Das ist jetzt sozusagen die Magie von Balu dem Bär ...*"

Silke lacht ...

Silke: „*Mhm ...*" *... ... ...*

Harry: „*Ich hatte noch den Gedanken ... ob man dieses Schwarze Loch fragen könnte, ob es eine Gestalt annehmen kann, die man gut versteht, aber ich hab das Gefühl ... so, wie wir das hier wahrnehmen, ist das schon gut ...*"

Silke: „*Ja ... mmm ... also, was mich vielleicht noch interessieren würde – aber ich find's jetzt auch nicht wesentlich wichtig ... aber ich kann's ja noch mal sagen – warum ich vorhin dieses Bild von dem Huhn oder von den Hühnern hatte ... was das mit mir zu tun hat, vielleicht ...*"

Silke lacht ...

Harry: „*Jo – wir können ja mal fragen und gucken, was kommt ...*"

Silke: „*Mhm ... mhm ... ...*"

Silke muß lachen ...

Silke: „*Ich weiß nicht, ich komm mir gerade wie ... wie'n dummes Huhn vor – wie man so sagt; ich find ja Hühner nicht dumm, aber das sagt man ja oft ...*"

Harry: „*Mhm ...*"

Silke: „*Hm ... im Moment aber im positiven Sinne, daß ich gar nicht wissen und verstehen muß ... ehm ... aber ... wenn ich dann ... noch mal hinspüre – also das ist im Moment der Impuls ... also, daß ich das eigentlich gar nicht wissen muß oder ... oder daß ich da irgendwas mit tun muß, mit diesem Huhn – aber wenn ich da noch´mal nachfrage, dann ... ... ehm ... ist da ...*"

Silke muß tief gähnen

Silke: „*... irgendwie der Eindruck, wie ... ... daß es in mir auch immer den Wunsch gibt, auch so was wie'n Huhn zu sein, das da einfach nur so vor sich hin pickt ... und sonst nicht viel von der Welt versteht ...*"

Harry lacht leise vor sich hin über die Vorstellung einer 'Hühner-Silke' ...

Silke: „*... und sich um sonst auch nichts kümmert, außer um die Körner, die es direkt findet ... also ... ... ist jetzt ...*"

Harry: „*Hm, ich hab auch grade so irgendwie so das Gefühl gehabt, eigentlich paßt das Huhn gut zu Deinem Aszendenten-Zeichen ...* "

Silke: *„Also zu der Jungfrau?* "

Harry: *„Ja.* "

Silke: *„Mhm ...* "

Harry: *„Jo ... ich mein, das wuselt da so rum ... ist kein großes Raubtier, ist auch sonst nicht irgendwas Bombastisches oder so oder was schrecklich Gefährliches wie'n Skorpion, brüllt nicht rum wie'n Löwe oder so, sondern ...* "

Silke lacht amüsiert ...

Harry: *„ ... das läuft da rum, wo's grad ist, wie Du so sagst, pickt seine Körnchen – Jungfrau guckt ja immer so auf die Details ...* "

Silke lacht immer wieder ...

Harry: *„ ... und dann hast Du da den Pluto im ersten Haus, der sich ständig verwandelt – das hat ja Dein Huhn auch gemacht, ne?* "

Silke: *„Ja, stimmt, genau ...* "

Harry: *„Von daher hatte ich schon so das Gefühl, jo, das paßt schon ...* "

Silke: *„Mhm ...* "

Harry: *„Vielleicht hast Du einfach nur in'n Spiegel geguckt ...* "

Silke lacht laut ...

Silke: *„Ja, wahrscheinlich schon ... mhm ...* "

Harry: *„So wie Du sagst, das ist eigentlich die Lebensform, die Du ganz nett findest ...* "

Silke: *„Ja, auf jeden Fall finde ich sie sehr entspannend, mhm ...* "

Harry: *„In den Garten gehen, 'n paar Radieschen pflücken – so in der Art ...* "

Silke: *„Mhm ... ... genau – und unter 'nem Apfelbaum sitzen ...* "

Harry: *„Mhm.* "

Silke lacht noch einmal ...

Silke: *„Ja, das ist mir Erklärung genug ... mhm ... doch, das verstehe ich schon ...* "

Silke lacht schmunzelnd über das Hühner-Selbstbild...

... ...
... ...
... ...

Silke: *„Ja, ansonsten ... ich weiß nicht ... was könnte man dort noch ... ...* "

Harry: *„Ich hab so gar nicht das Gefühl, daß man irgendwas machen müßte ...* "

Silke: *„Ne – das Gefühl hab ich auch nicht ... ich erinnere mich nur noch mal an das anfängliche Bild ... wo ich dieses dunkle Gemurmel gehört hab von der Außenhülle oder von dem Eingang ...* "

Harry: *„Mhm.* "

Silke: *„ ... von dem Eingang zu dem Schwarzen Loch und ... diese Fisch- oder Reptilien-artige Gestalt gesehen hab und ... schon auch wirklich das Gefühl hatte* *von ... Wesen oder Wesenheit oder Bewußtsein oder daß ... da wirklich etwas ist oder jemand, mit dem man sprechen kann oder ... kommunizieren kann in irgendeiner Form ... ja, vielleicht eher 'etwas' als 'jemand' ... ich weiß es nicht ..."*

Harry: *„Mhm ..."*

Silke: *„Aber das haben wir in gewisser Form auch getan ... ... ja ... mmh ..."*

Harry: *„Was ich auch so merke, jedesmal, wenn ich dran denke ... hm, denke – das Wort 'denken' ist irgendwie unpassend ... wenn ich mir vorstelle, auf meinem Bett zu liegen und an das Schwarze Loch zu denken ... dann merk ich sofort, wie sozusagen vom Zentrum meines Herzchakras zu dem Schwarzen Loch wie 'ne ... Verbindung ist – also, ich mein ... ein Faden ist dafür nicht so das richtige Bild, sondern ... als würden die sich berühren ..."*

Silke: *„Mhm ..."*

Harry: *„Also, so'n Faden gibt irgendwie das Bild von 'ner ... Entfernung, so ..."*

Silke: *„Mhm ..."*

Harry: *„Aber das ist mehr so, daß, wenn ich da so ganz nach innen gehe, daß ich dann ... wie da einfach rüberwechseln kann ..."*

Silke: *„Ja ... mhm ..."*

Harry: *„Das ist sozusagen ... der Weg nach außen zum Schwarzen Loch geht durch's Weltall ... und genauso gut kann ich nach innen gehen zur Mitte meines Herzchakras und von da aus ... ja, da rein gehen ..."*

Silke: *„Mhm ... ... das weiß ich jetzt gar nicht, ob ich das so nachempfinden kann oder ob das bei mir auch so ist ... es ist mir auf jeden Fall vertrauter jetzt als vorher – das kann ich sagen ... ... irgendwie auch näher, mhm – das kann ich auch sagen ... ... und was bei mir auffälliger ist, ist eher die Verbindung zwischen Herz-Chakra und Stirn-Chakra ..."*

Harry: *„Mhm ..."*

Silke: *„ ... daß ich die deutlicher ... spüren ... oder mich da wieder hin ... da hineinversetzen kann ... so umschalten kann ... ... in den Zustand ..."*

Harry: *„Ja ..."*

... ...

Silke: *„Und dann ... und dann deutlich auch das Herzchakra ... deutlicher ... deutlicher lokalisiert spüre ... oder einen bestimmten Bereich oder sogar Punkt ... spüre, an dem diese Verbindung wirklich anknüpft ..."*

Harry: *„Mhm ..."*

Silke: *„Also, da ist wirklich so was wie'n ... Lichtfaden ... oder 'ne Lichtverbindung oder 'ne Lichtleitung, die da hochgeht ... zum Stirnchakra ... ..."*

Harry: *„Ich glaub, dieser Unterschied liegt einfach in unserem Charakter oder in dem ... was wir noch heilen wollen in uns ..."*

Silke: *„Ja. ... Ja, das kann gut sein."*

Harry: *„Weil bei mir ist das ... wenn ich spüre, daß vom Zentrum meines Herz-*

chakra einfach wie ... ... ja, wenn ich von da aus einfach in diesen Zustand rübergehen kann, dann hab ich auf einmal so'n ganz großen Rückhalt, denn ich mein ... wer kann sich schon mit 'nem Schwarzen Loch anlegen? Das wär ein bißchen absurd, ne?"

Silke: *„Mmh ... mhm ..."*

Harry: *„Und wenn das als Rückhalt einfach da ist für das, was ich bin, dann ... brauche ich nichts mehr zu fürchten, ne?"*

Silke: *„Ja ..."*

Harry: *„Und bei Dir wär das dann wahrscheinlich so, daß Du ziemlich viel in die Welt guckst und Dich fragst, was muß da gemacht werden, was brauch ich da, wo muß ich irgendwie hin ... was muß da geregelt werden und so, ne ... und dann kannst Du nicht in aller Ruhe 'Huhn' sein ..."*

Silke lacht leise schmunzelnd ...

Harry: *„Du fragst Dich wahrscheinlich 'Worauf muß ich achten, damit ich das kriege, was ich eigentlich will?' oder so ... und dadurch ist das Dritte Auge, das das alles tut, vielleicht ein bißchen im Streß ..."*

Silke: *„Mhm ..."*

Harry: *„Und im Vergleich zu seinem Gegenpol, dem Hara, ist das Dritte Auge dann überbetont, und dann ... erscheint da bei Dir als Hilfe die Verbindung zum Herzchakra ..."*

Silke: *„Mhm ..."*

Harry: *„So ... einfach ... um Dich dann auf die Bank unter dem Apfelbaum setzen zu können ..."*

Silke: *„Ja ... mhm ... ja ... ja ... mhm ... ... hm ..."*

... ...　 ... ...　 ... ...
... ...　 ... ...　 ... ...
... ...　 ... ...　 ... ...

Silke: *„Ja, also dann, glaube ich – was mich betrifft, können wir auch zurückreisen ..."*

Harry: *„Ja, das hab ich auch grad so überlegt ... ... ja ... ehm ... soll'n wir uns die Hand geben und uns einfach rauswünschen?"*

Silke: *„Ja ... Soll'n wir uns erst noch bedanken?"*

Harry: *„Mhm."*

Silke: *„Oder danach? ... Ich glaub, das ist jetzt 'ne gute Stelle ..."*

Harry: *„Ja ... ..."*

Silke: *„Ja, dann dank ich Dir, Schwarzes Loch, für ... ... die Erfahrungen, die wir mit Dir, bei Dir, in Dir machen durften ... daß Du Dich uns mitgeteilt hast ... oder was von Dir gezeigt hast ... oder uns, ja ... hast ... spüren lassen ... ... Mhm, ja ... ..."*

Harry: *„Irgendwie hab ich kurz überlegt, ob ich was sage, aber dann hab ich* *gemerkt, ne, ich lächle dem Schwarzen Loch einfach zu – das reicht. "*

Silke: *„Ja ... "*

Wir lachen beide leise ...

Silke: *„O.k. "*

Harry: *„ Gut – dann springen wir da jetzt raus? "*

Silke: *„Mhm. "*

... ...

Harry: *„Ja. "*

Silke: *„Mhm. "*

 Harry: *„Ich bin jetzt wieder in dieser ... in diesem kugelförmigen Bereich in der Mitte von unserer Galaxie, in dem so viele Sterne sind ... "*

Silke: *„Mhm ... "*

Harry: *„ Und ich würd mich jetzt einfach mal zur Erde wünschen. "*

Silke: *„Ja. "*

Harry: *„ O.k. "*

Silke: *„Mhm. "*

... ...

Harry: *„ Boing – angekommen. "*

Silke: *„Mhm ... ja, das ging schnell ... mhm ... "*

Harry: *„ Und erstaunlich einfach, ne? "*

Silke: *„Ja ... mhm ... ja ... ... "*

Harry: *„Ja ... dann beenden wir das jetzt? "*

Silke: *„Ja. "*

Harry: *„ O.k. "*

6. Dunkle Materie

Schwarze Löcher scheinen zugleich sehr ungewohnt und sehr schlicht zu sein.

Sie sind sehr ungewohnt, weil sie in unserem Alltag nicht vorkommen und lange Zeit lediglich eine Schlußfolgerung aus Einsteins Relativitätstheorie gewesen sind.

Sie sind sehr schlicht, weil man sie auf dieselbe Weise als „kondensierte Materie" auffassen kann wie man Materie als „kondensierte Energie" ansehen kann.

Mein Interesse an Schwarzen Löchern ist auch erst da wirklich geweckt worden, als ich über sie nachgedacht habe und dabei zu dem Schluß gekommen bin, daß es diese beiden „Kondensationsvorgänge" geben müßte und dann bei der Überprüfung dieser Annahme entdeckt habe, daß Schwarze Löcher von den Astronomen und Physikern mithilfe einer Formel beschrieben werden, in denen das „c⁴" vorkommt, das aus genau diesen beiden „Kondensations-Faktoren", also aus „$c^2 \cdot c^2 = c^4$" besteht.

Wenn sich Schwarze Löcher so einfach beschreiben lassen und die Verwandlung von Energie in Materie sowie die Verwandlung von Materie in die Substanz eines Schwarzes Loches genaue Analogien zueinander sind, können Schwarze Löcher in unserem Weltall nichts Exotisches sein, sondern müssen etwas ganz Normales und Alltägliches sein.

Bei der Traumreise zu dem Schwarzen Loch ist mir aufgefallen, daß die Materie in den ersten 700 Jahren nach dem Urknall so dicht gewesen ist, daß sich damals eigentlich Schwarze Löcher hätten bilden müssen.

In diesen ersten 700 Jahren ist das Weltall noch überall gleich dicht, gleich heiß und gleich hell gewesen – es war sozusagen eine einzige, alles erfüllende Sonne. Erst nach dieser Zeit haben sich leere Bereiche im Weltall gebildet, sodaß die Substanz des Weltalls sich in der Form von Galaxien zusammenziehen konnte.

Bei der Nachforschung in der astronomischen Literatur, ob sich bereits in den ersten 700 Jahren nach dem Urknall Schwarze Löcher gebildet haben, bin ich dann auf die „Dunkle Materie" gestoßen.

Diese Dunkle Materie ist lange Zeit für die Astronomen und die Physiker ein Rätsel gewesen: Die Sterne und die Galaxien bewegen sich so, als ob sie sehr viel schwerer wären als sie es tatsächlich sind – die Gravitation ist größer als es der Masse der Sterne und Galaxien entspricht. Das führte zu der Vorstellung von „Dunkler Materie", also zu Materie, die sich überall in den Galaxien befindet, aber kalt ist und daher nicht leuchtet und nicht zu sehen ist.

Der Anteil der Dunklen Materie an unserem Weltall muß ca. fünfmal so groß sein wie die Menge an Materie, d.h. ca. 5/6, also 83% unserer Welt besteht aus Dunkler Materie. Aus der Gravitationswirkung der Dunklen Materie ergibt sich ein zusätzlicher Anteil an „Dunkler Energie".

Vereinfacht gesagt besteht unsere Welt also zum größten Teil aus Dunkler Materie und nicht aus „normaler Materie".

Diese Dunkle Materie besteht sehr wahrscheinlich aus den zum größten Teil sehr kleinen Schwarzen Löchern, die sich in den ersten 700 Jahren nach dem Urknall in der damals noch sehr dichten Materie in unserem Weltall gebildet haben.

Diese kleinsten Schwarzen Löcher sind bisher noch nicht direkt beobachtet worden – eben weil sie so klein sind und daher auch nur eine geringe Gravitation haben. Diese sehr kleinen Schwarzen Löcher haben eine Masse von ca. 1 Milliarde t, d.h. sie haben ungefähr die Masse eines großen Berges. Nachdem diese Masse zu einem kleinen Schwarzen Loch geschrumpft ist, also zu Dunkler Materie geworden ist, sind diese 1 Milliarde t nur noch so groß wie ein Proton, d.h. sie hat nur noch einen Durchmesser von ca. 10^{-15}m, d.h. das Milliardstel eines Tausendstel eines Millimeters – also sehr, sehr klein.

Wenn die gesamte Masse der Erde zu einem Schwarzen Loch werden würde, wäre dieses Schwarze Loch nur ungefähr so groß wie ein Fingerhut – aber eben noch immer genauso schwer wie die Erde.

Vermutlich ist das Weltall voll von diesen Mini-Schwarzen Löchern, die insgesamt die Dunkle Materie bilden.

Die kleinsten Schwarzen Löcher, die bisher direkt aufgrund ihrer Gravitations-Anziehung auf die Sterne in ihrer Nähe beobachtet werden konnten, haben 2,7-mal so viel Masse wie unsere Sonne. Kleinere Schwarze Löcher sind nur schwierig zu entdecken, weil sie eben selber nicht leuchten (sie sind „schwarz") und auch nur eine kleine Wirkung auf die Bewegungen der Sterne in ihrer Nähe haben. Diese „normalen" Schwarzen Löcher haben Größen von ca. der doppelten Masse unserer Sonne bis zum 150-fachen der Masse unserer Sonne.

Es gibt jedoch auch noch eine andere Gruppe von Schwarzen Löchern, die wesentlich größer sind. Die Zwischengrößen zwischen diesen beiden Gruppen fehlen jedoch seltsamerweise – was möglicherweise auf eine verschiedene Art der Entstehung hinweist. Diese „Massiven Schwarzen Löcher" sind wie die Dunkle Materie, also die „Mini Schwarzen Löcher" ebenfalls kurz nach dem Urknall entstanden. Sie haben die Masse von mehreren 1000 Sonnenmassen und haben einen Durchmesser, der ungefähr dem Durchmesser der Erde entspricht.

Die „Supermassiven Schwarzen Löcher" findet man in dem Zentrum der Galaxien, wo die Sterne besonders dicht stehen und es daher besonders viel Masse gibt. Das Schwarze Loch in dem Zentrum unserer Galaxie hat 4 Millionen Sonnenmassen und sein Durchmesser beträgt das 17-fache des Durchmessers der Sonne.

Dann gibt es noch die „Ultramassiven Schwarzen Löcher", die mehr als 10 Milliarden Sonnenmassen haben und deren Durchmesser größer als unser ganzes

Sonnensystem ist. Sie sind die größten bekannten Dinge in unserem Weltall.

Das größte bekannte „Ultramassive Schwarze Loch" trägt die astronomische Bezeichnung „Ton618". Es hat 66 Milliarden Sonnenmassen und sein Durchmesser ist elfmal so groß wie unser ganzes Sonnensystem. Die rings um ihn es extrem beschleunigte Masse (Gase, Sternenstaub, Sterne) leuchtet so hell wie 140 Billionen (140.000.000.000.000) Sonnen.

Die Größen-Gruppen der Schwarzen Löcher		
Name	*Größe*	*Masse*
Mini Schwarze Löcher	Proton-Größe (10^{-15}m)	(großer Berg) 10^9 t
	Lücke in der Größe	
normale Schwarze Löcher	zwischen der Größe des Kleinplaneten Ceres und der Größe des Mondes	2x bis 150x die Masse der Sonne
	Lücke in der Größe	
Massive Schwarze Löcher	ungefähr die Größe der Erde	mehrere 1000 Sonnen-Massen
Supermassive Schwarze Löcher	das Mehrfache des Durchmessers der Sonne	mehrere 1.000.000 Sonnen-Massen
Ultramassive Schwarze Löcher	das Mehrfache des Durchmessers des Sonnensystems	mehrere 1.000.000.000 Sonnen-Massen

Die Schwarzen Löcher saugen die Materie von den Sternen in ihrer Nähe an, die dann in einen Strudel (wie am Abfluß der Badewanne) in das Schwarze Loch gerissen wird – die Schwarzen Löcher sind „Sternenfresser". In diesem Strudel wird die Materie extrem beschleunigt. Durch die heftige Reibung der Materie aneinander in diesem Strudel rings um das Schwarze Loch wird diese Materie immer heißer und beginnt zu leuchten.

Die Materie, die in das Schwarze Loch in der Mitte unserer Galaxie „hineinstrudelt", leuchtet durch die Reibung 500.000mal heller als unsere Sonne. Diese leuchtende Hülle rings um die Schwarzen Löcher sind inzwischen auch photografiert worden (siehe die Photos auf Seite 9 und 10 sowie die graphische Darstellung auf dem Cover des Buches).

Die Materie rings um das größte aller bekannten Schwarzen Löcher („Ton618") ist so hell, daß wir es auf der Erde noch sehen können, obwohl dieses Schwarze Loch die gewaltige Strecke von 10 Milliarden Lichtjahre von uns entfernt ist.

Doch diese riesigen Schwarzen Löcher sind eher selten und unbedeutend. Sie machen nur ca. 0,001% der Masse einer Galaxie aus. Zum Vergleich: In unserer Sonne befinden sich 99,98% der Masse unseres ganzen Sonnensystems – die Masse der Planeten beträgt 0,02%.

Fast der gesamte Teil der Dunklen Materie besteht daher nicht aus den normalgroßen und den riesigen Schwarzen Löchern, sondern aus den Mini-Schwarzen Löchern.

Schwarze Löcher ziehen sich auch gegenseitig an und verschmelzen dann schließlich miteinander. Das ist aufgrund der riesigen Masse der Schwarzen Löcher, die zudem auf ein winziges Volumen geschrumpft („kondensiert") ist, ein sehr heftiger Vorgang. Bei dieser Fusion zweier Schwarzen Löcher entstehen Gravitationswellen, die 1000mal größer sind als die Gravitation einer ganzen Galaxie.

Auf der „Heftigkeits-Skala" folgen diese Fusionen von zwei Schwarzen Löchern daher gleich auf den Urknall.

- - -

Unter anderem zeigen diese Betrachtungen, daß Schwarze Löcher nicht die Ausnahme in unserem Weltall sind, sondern eher die Regel – eben die Dunkle Materie, die ca. 83% der Substanz unserer Welt ausmachen.

Zudem wird deutlich, daß wir Menschen uns als „Materie-Wesen" in dem Übergangsbereich (Materie) zwischen Energie und Dunkler Materie befinden – das ist offensichtlich kein stabiler Zustand. Allerdings läuft die Verwandlung von Materie in Dunkle Materie, also in Schwarze Löcher, derart langsam ab, daß in den nächsten paar Milliarden Jahren bis zum Erlöschen der Sonne keine Begegnung der Erde mit einem Schwarzen Loch zu erwarten ist.

- - -

Vom kabbalistischen Lebensbaum aus betrachtet befinden sich 83% unserer Welt im Da'ath-Zustand – das sind die 83% an dunkler Materie, d.h. an meist winzigen Schwarzen Löchern, die sich bereits kurz nach dem Urknall gebildet haben.

Genau genommen hat das Weltall in den diesen kleinen Schwarzen Löchern also nicht nach einer langen Entwicklung den Zustand von Da'ath erreicht, sondern den Zustand von Da'ath, der kurz nach dem Urknall bestand, bewahrt.

7. Anwendungsmöglichkeiten in der Magie

Nach diesen Betrachtungen stellt sich die Frage, ob all diese Betrachtungen einen praktischen Nutzen in der Magie haben.

Die Antwort auf diese Frage ist in einem Bereich, dessen Erforschung gerade erste begonnen hat, naturgemäß nur vorläufig und besteht aus ersten Versuchs-Anordnungen, Entwürfen, Experimenten, Erfahrungen und Vermutungen von weiteren Möglichkeiten.

Aber wie Konfutse gesagt hat: „Jeder Weg beginnt mit dem ersten Schritt." Der erste Schritt war die Traumreise zu einem Schwarzen Loch; der mögliche zweite Schritt wird in diesem Kapitel untersucht.

- - -

Zunächst einmal kann man die Qualitäten der Schwarzen Löcher zusammenfassen, um eine Grundlage für weitere Experimente zu erschaffen:

- Schwarze Löcher sind in ihrem Inneren unstrukturiert, aber haben eine bestimmte Ausdehnung.
- In einem Schwarzen Loch definiert man sich nicht durch seine Grenze, sondern durch seine Qualität.
- Bei einer Traumreise in ein Schwarzes Loch wird man zu dem, der man wirklich ist.
- Schwarze Löcher entsprechen auf dem Lebensbaum Da'ath und somit den Göttern.

Diese Eigenschaften der Schwarzen Löcher legen es nahe, die Schwarzen Löcher für die Selbstfindung, den inneren Halt, die „Selbstgewißheit" und den Selbstschutz zu verwenden.

Zunächst ist jedoch nicht klar, ob z.B. eine Traumreise zu einem Schwarzen Loch effektiver ist als z.B. eine Traumreise nach Da'ath auf dem Lebensbaum. Die „astronomische Traumreise" ist konkreter, die „kabbalistische Traumreise" ist allgemeiner – aber ein genereller Vor- oder Nachteil läßt sich zunächst einmal nicht erkennen.

Es wäre denkbar, daß man mithilfe von Traumreisen in Schwarze Löcher (oder nach Da'ath) nach und nach eine Haltung entwickeln kann, aus der sich eine „entspannte Magie", also sozusagen eine „Balu-Magie" ergeben würde, die darauf beruht, daß man einfach das ist, was man ist und dadurch in seiner Umwelt ein Spiegelbild zu dem eigenen Wesen, also eine spontane Wunscherfüllung hervorruft.

(Der etwas poetische Name „Balu-Magie" bezieht sich auf den Bären Balu aus dem Zeichentrickfilm „Das Dschungelbuch".)

- - -

In der Magie ist die Lebenskraft eines der zentralen Konzepte. Was hat nun die Lebenskraft mit Schwarzen Löchern zu tun?

Lebenskraft ist die Grenze bzw. der Übergang zwischen Bewußtsein und Materie. Nach dieser Definition hat jedes Ding ein Bewußtsein und jeder Bewußtseins-Innenseite entspricht auch eine Materie-Außenseite.

Die vier grundlegenden Bereiche unserer Welt, also die Raumzeit, die Energie, die Materie und die Dunkle Materie (Schwarze Löcher) sollten jeweils eine Bewußtseins-Seite haben, wobei sich die Bewußtseins-Seiten dieser vier Elemente der Welt deutlich unterscheiden sollten. Dasselbe gilt auch für die Lebenskraft zwischen diesen vier Bereichen und den dazugehörigen Lebenskraft-Formen.

Es ist zunächst einmal nicht ganz einfach, diesen Bereichen bekannte Formen der Welt und der Lebenskraft zuzuordnen:

> - Die Raumzeit als das Fundament, aus dem heraus alles andere entsteht, sollte Gott, also dem „Einen-Alles-Einzigen" entsprechen: das alles umfassende Bewußtsein.

> - Als nächstes entsteht die Energie als Krümmungen der Raumzeit. Das dazu gehörige Bewußtsein sollte wie die Energie abgrenzungslos und endlos sein. Das wäre das Bewußtsein der Gottheiten.

> - Die nächste Verdichtungsstufe ist die normale Materie. Sie sollte auf der Bewußtseins-Seite den Seelen entsprechen.

> - Bei der nächsten Verdichtungsstufe wird es jedoch schwierig, da die Dunkle Materie (Schwarze Löcher) intern die Eigenschaften der Energie hat, also abgrenzungslos ist, aber nach außen hin abgegrenzt ist. Innerhalb einer bestimmten Entfernung von einem Schwarzen Loch fällt alles einschließlich des Lichtes zum Zentrum hin. Diese Entfernung wird „Schwarzschild-Radius" genannt.

Lediglich die Gravitation wirkt ungehindert zwischen Energie, Materie und Dunkler Materie. Die Gravitation ist die Krümmung der Raumzeit, innerhalb der sich die Energie, die Materie und die Dunkle Materie befindet – man kann die Energie, die Materie und die Dunkle Materie sogar als verschiedene Formen der Krümmung der Raumzeit ansehen.

Ein Schwarzes Loch ist in seinem Inneren wie Da'ath, aber es hat eine äußere Grenze – den Schwarzschild-Radius.

Diese Betrachtung zeigt, daß Da'ath und Dunkle Materie nicht vollständig übereinstimmen.

Wenn man die Entstehung eines Schwarzen Loches betrachtet, gibt es zwei Möglichkeiten:

- Zum einen kann ein Schwarzes Loch kurz nach dem Urknall aus der damals noch sehr dichten Materie entstanden sein.

Da zum einen die Schwarzen Löcher intern abgrenzungslos sind und zum anderen Buddha einen Erleuchteten als einen Menschen mit den vier grenzenlosen Eigenschaften Gleichmut, Mitgefühl, Liebe und Freude beschrieben hat, könnte man diese Art von Schwarzen Löchern als Analogie zu Menschen auffassen, die bereits als weise und erleuchtet geboren worden sind.

- Zum anderen kann ein Schwarzes Loch auch aus einem sehr großen Stern oder aus mehreren großen Sternen entstehen.

Die Analogie zu ihnen wären dann Menschen, die nicht weise geboren, sondern weise und erleuchtet geworden sind.

Es bleibt allerdings noch immer die Frage, ob diese Betrachtungen auch einen konkreten magischen Nutzen haben.

- - -

Von diesen Betrachtungen läßt sich ein Ritual ableiten, mit dessen Hilfe man diese Qualität rufen kann.

Die Grundform sollte eine Kugel sein, da Schwarze Löcher kugelförmig sind. Das läßt sich in symbolischer Form dadurch erreichen, daß man sich als in der Mitte einer Kugel (Schwarzes Loch) stehend imaginiert.

Die dazu passenden Gesten wären keine Pentagramme oder Hexagramme, sondern Kreise – je einer vorne, hinten, links, rechts, oben und unten. Diese sechs Kreise befinden sich auf der Oberfläche der imaginierten Kugel.

Als Worte, die man dazu intoniert, kann man bei dem Ziehen des Kreises jedesmal „Da'ath" benutzen. Ob „Da'ath" in diesem Zusammenhang das effektivste „Zauber-Wort" ist, muß noch erforscht werden – es ist zumindestens das naheliegendste. Es wäre auch der Gottesname von Da'ath denkbar, also „Yod-He-Vau-He Elohim".

Dieses „Schwarze Loch"-Ritual ist ähnlich aufgebaut wie das Kleine Pentagramm-Ritual: je ein Symbol in jeder der sechs Richtungen.

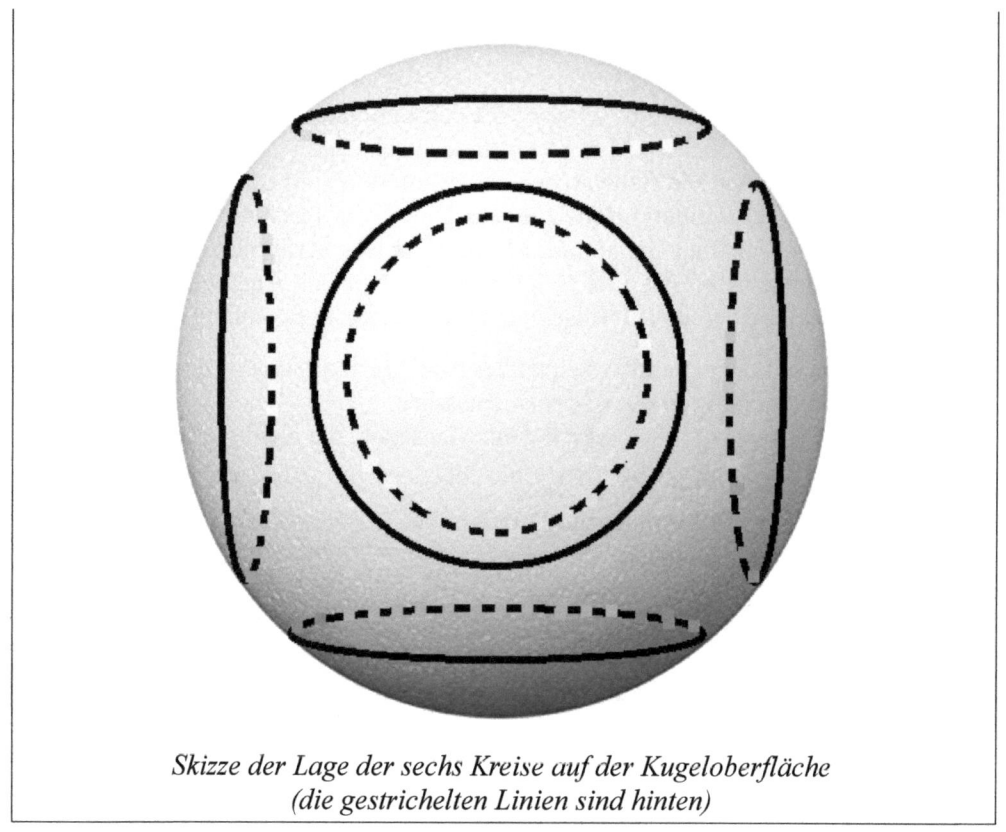

Skizze der Lage der sechs Kreise auf der Kugeloberfläche
(die gestrichelten Linien sind hinten)

Die Wirkung dieses Rituals ist bei mir eine entspannte Konzentration, eine Art gelassener Selbstgewißheit. Das ist das, was ich auch erwartet habe.

Das Kleine Pentagramm-Ritual schützt durch Abgrenzung und gibt Kraft durch die vier Erzengel. Das „Kugel-Ritual" schützt durch die Selbstgewißheit – ich fühle mich nicht von dem Rest der Welt abgegrenzt, sondern mit ihr verbunden, aber ich ruhe in meiner eigenen Qualität – die ist völlig sicher. Diese Empfindungen entsprechen genau Da'ath.

Diese Kugel fühlt sich an wie auf der Traumreise die Qualität eines Schwarzen Loches.

Wenn ich das Wort „Da'ath" singe, lade ich dabei eigentlich nicht den Kreis als Schutzfläche auf, sondern den Kreis als Ring – und dieser Ring ist wiederum ein Teil der Kugeloberfläche. Und diese Kugeloberfläche ist eigentlich keine Grenze, sondern eher so etwas wie eine Konzentrationshilfe oder wie ein Mittel, um diese Selbstgewißheit herzustellen, oder wie der Raum, dessen ich mir bevorzugt bewußt bin.

Auf jeden Fall ist die Wirkung ausgesprochen angenehm.

- - -

Ob dies Ritual bei anderen Menschen dieselben Wirkungen hat, ist ungewiß, aber doch recht wahrscheinlich.

8. weitere Traumreisen

Nach diesen Betrachtungen kann man jetzt noch einmal weitere Traumreisen unternehmen.

a) Traumreise zu einem Mini-Schwarzen Loch

Den Beobachtungen der Astronomen sollten ca. 5/6 der Masse einer Galaxie aus dunkler Materie bestehen, d.h. aus vermutlich meistens sehr kleinen Schwarzen Löchern – nur so lassen sich die Bewegungen der Sterne in den Galaxien erklären. Nur 1/6 der Masse im Weltall wäre dann die „normale Materie", aus der z.B. die Sonne, die Erde und wir Menschen bestehen. Es ist im Weltall folglich fünfmal wahrscheinlicher auf Schwarze Materie zu stoßen als auf normale Materie.

Die Mini-Schwarzen Löcher, aus der diese Materie vermutlich besteht, sind bislang zwar nur eine Theorie, aber eine ziemlich wahrscheinliche Theorie, da größere Schwarze Löcher durch ihre extreme Gravitations-Wirkung schnell auffallen würden. Wenn es hingegen sehr viele sehr kleine Schwarze Löcher gäbe, die zudem gleichmäßig in den Galaxien verteilt sind, würden sie zwar eine große Gravitations-Wirkung haben, aber diese Wirkung wäre so gleichmäßig verteilt, daß die einzelnen Mini-Schwarzen Löcher nicht auffallen würden.

Diese Mini-Schwarzen Löcher kann man sich wieder mithilfe einer Traumreise anschauen – das ist bisher leider die einzige Möglichkeit, da es noch keine passenden physikalischen Beobachtungsmethoden oder Experimente gibt.

Ich stelle mir vor, durch unsere Galaxie zu fliegen und lasse mich von einem Mini-Schwarzen Loch anziehen. Mal schauen, was passiert ...

Hm ... ich habe das Gefühl, daß die hier überall wie Staub verteilt sind ohne eine große Wirkung zu haben. ... Sie sollen ja ungefähr die Größe eines Protons haben. ... Was passiert, wenn man durch solch ein Schwarzes Loch fliegt? Passiert da überhaupt etwas? Das finde ich schwer einzuschätzen ...

Es ist schwierig, ein bestimmtes Schwarzes Loch anzusteuern, da hier so viele sind – eben wie Staub ... und ich habe auch noch immer ein wenig Hemmungen vor ihnen ...

O.k. – ich richte mich auf das Schwarze Loch direkt vor mir aus ... es ist winzig ... es ist so klein, daß es mit bloßem Auge nicht sichtbar ist – nunja, es ist schwarz und klein wie ein Proton ...

„Hallo Schwarzes Loch – wie kann ich Dich besser wahrnehmen?"

46

„Komm in mich hinein."

„Wie? Du bist so klein ... "

„Tu's einfach."

„Hm ... ja, gut ... "

Ich stelle mir das einfach mal vor ... Mein Körper bleibt draußen und ich gehe nur mit meinem Bewußtsein in das Mini-Schwarze Loch ... so ist es einfach ...

Hier ist auch diese Stille, dieses „es ist, was es ist", diese „ruhende, entspannte Intensität" ... da ist dieses Mini-Schwarze Loch nicht anders als als das normalgroße Schwarze Loch, in dem ich zusammen mit Silke gewesen bin.

Hm – rotieren Schwarze Löcher? Bei ihrer Kleinheit in Verbindung mit ihrer riesigen Masse müssen sie das eigentlich und zwar ziemlich schnell – aber ich spüre nichts davon ... komisch ...

„Warum ist das so, Schwarzes Loch?"

„Weil Du in Dir ruhst."

„Ich ruhe in mir, wenn ich in Dir bin?"

„Ja."

„Seltsame Sache ... das klingt ja so, als wenn Du so etwas wie meine Seele wärst ..."

„Ich bin nicht Deine Seele, aber ich bin in demselben Zustand wie Deine Seele."

„Das ist jetzt ja sehr interessant, aber ich werde da doch auch gleich ziemlich skeptisch ... Was ist denn die Gemeinsamkeit von einem Schwarzen Loch und einer Seele."

„Ich bin, was ich bin."

„Das ist doch auch die Bedeutung des Gottesnamens von Kether auf dem Lebensbaum: Eheieh."

„Das ist der Kern der Weisheit."

„Und das Erlebnis eines Schwarzen Loches erinnert mich daran?"

„Es macht diese Haltung unvermeidbar."

„Dann wärst Du ja das Allheilmittel für alle psychischen Probleme!"

„Ja."

„Uff! ... Aber das ist die Seele auch – solange ich meine Seele wahrnehme und erlebe und aus ihr heraus lebe, geht es mir gut."

„Ja."

„Wo ist denn dann der Unterschied zwischen euch?"

„Hat eine Seele eine Masse?"

„Nein ... hm ... Ich kann spüren, daß die Begegnung mit einem Schwarzen Loch auf mich eine ähnliche Wirkung hat wie die Begegnung mit meiner Seele – nur ist die Wirkung eines Schwarzen Loches allgemein und zeigt mir die Grundhaltung, während die Wirkung meiner Seele speziell ist und mir meine Grundhaltung in meinem Leben zeigt. Das Schwarze Loch zeigt mir sozusagen die Form, aber meine Seele

zeigt mir auch noch dazu die Farbe – bildlich gesprochen ..."

„*Ja.*"

„*Wie läßt sich das den dann am besten praktisch anwenden?*"

„*So wie Du es gerade tust.*"

„*Mir kommt da gerade die Idee, ob man nicht ein homöopathisches Mittel mit Deiner Qualität herstellen kann – da sind ja schon die verrücktesten Dinge versucht worden wie Wind-Globuli oder Vakuum-Globuli ...*"

„*Tu das, was auf Deinem Weg liegt. Das wäre etwas für Jörg gewesen, aber nicht für dich.*"

„*Hm ... ja ... aber Jörg ist tot ... Gibt es etwas, was Du mir zeigen oder sagen kannst, was hilfreich für mich ist?*"

„*Schau.*"

Ich sehe, wie ein Schwarzes Loch explodiert und sich in Materie verwandelt ... das ist heftig ... Das ist die Analogie zur Atombombe, in der Materie in Energie verwandelt wird – wenn ein Schwarzes Loch explodiert, wird Schwarze Materie, also die Substanz eines Schwarzen Loches, in normale Materie verwandelt. Gibt es so was im Weltall? Eigentlich müßte es das geben ... Aber hat das schon jemals jemand beobachtet?

„*In welcher Form ist das hilfreich für mich, Schwarzes Loch, daß ich das sehe?*"

„*Du hörst auf, mich für absolut zu halten.*"

„*Hm, ja, das stimmt ... das war mir noch gar nicht aufgefallen ...*"

„*Und es lehrt Dich leben.*"

„*Ehm ... wie das?*"

„*Es zeigt Dir den Tod und daß sich alles wandelt.*"

„*Ja, das ist eine der größten Hilfen dabei, mein Leben wirklich zu leben ... gibt es noch etwas?*"

„*Nein.*"

„*Hm ... gibt es evtl. etwas, was Du mir über Dich zeigen oder sagen kannst, was die Physiker noch nicht entdeckt haben, aber was sie demnächst herausfinden werden? Das würde mein Vertrauen in die Realität dessen, was ich hier auf der Traumreise erlebe, erhöhen.*"

„*Sei Dir treu – darum geht es. Und Du hast genug auf Traumreisen erlebt um zu wissen daß sie die Wirklichkeit zeigen – mit Beimengungen aus Deiner Psyche.*"

„*Ja ...*"

„*Es gibt eine Analogie in mir zu dem Spin der Elementarteilchen.*"

„*Ehm ... ich weiß, was ein Spin ist ... aber geht das noch etwas genauer?*"

„*Spin 2.*"

„*Das ist doch der Spin der Gravitonen? ... Was hast Du mit dem zu tun??? Kommt das jetzt aus meiner Phantasie?*"

„*Wart's ab.*"

„Ja, gut ... das kann ich erst glauben, wenn es dafür einen sicheren Nachweis gibt ... Das hätte ja abenteuerliche Konsequenzen, wenn ein Schwarzes Loch denselben Spin wie ein Graviton hätte! Nunja – Schwarze Löcher sind ja auch eine abenteuerliche Angelegenheit ...

Ja ... Danke, Schwarzes Loch!"

„Bitte."

Ich kehre zurück.

Das Gute an den Traumreisen ist doch immer wieder, daß man auf Dinge stößt, mit denen man überhaupt nicht gerechnet hat ...

b) Traumreise zu einem Normalo-Schwarzen Loch

Hiermit sind die mittelgroße Schwarze Löcher gemeint, die astronomisch sichtbar sind und die sich wahrscheinlich meistens in der Mitte einer Galaxie befinden.

„Hallo, Schwarzes Loch ..."

„Ja?"

„Gibt es einen Unterschied in der Qualität zwischen einem Normalo-Schwarzen Loch und einem Mini-Schwarzen Loch?"

„Sieh's Dir an."

„Ehm ... ja, gut ..."

Ich gehe innerlich in ein Normalo-Schwarzes Loch ... Die Dichte ist dieselbe, die Stimmung ist dieselbe, die Intensität ist dieselbe wie in einem Mini-Schwarzen Loch – es ist lediglich größer ... die 'Schwarze Materie' scheint keine anderen oder neuen Eigenschaften anzunehmen, wenn sie in verschiedenen Mengen vorliegt.

Eigentlich wundert mich das ...

„Übersehe ich da was?"

„Schau noch einmal."

„Ja, gut ..."

Beide sind innen völlig homogen und unstrukturiert – nur ihre Außenwirkung ist sehr verschieden, da sie eine sehr unterschiedlich große Gravitation haben.

Hm ... noch etwas? ... ... Nein – auch diese Eindeutigkeit des „Ich bin, was ich bin." ist genau gleich ...

„Sehe ich das richtig, daß nur die Außenwirkung anders ist, aber die innere Qualität gleich ist?"

„Ja – weitgehend."

„Es gibt also einen Unterschied?"

„Ja – Du schaust nur an der falschen Stelle. "

„Und die soll ich selber finden? "

„Soll ich Dir die Erkenntnis verderben? "

„Hm ... o.k. ..."

... ...

Ja, da ist ein Unterschied ... Die Zeit fühlt sich im Mini und im Normalo gleich an – beide sind eigentlich zeitlos. Aber der Ursprung fühlt sich verschieden an: die Normalos sind irgendwann aus kollabierenden Sternen entstanden, während die Minis Überreste aus dem Urknall zu sein scheinen. Das führt dazu, daß sich die Minis wie eine große Familie anfühlen. Dieser Unterschied ist so ähnlich wie der zwischen Wasserstoff und Helium auf der einen Seite, die kurz nach dem Urknall entstanden sind, und den schwereren Elementen, die erst später in den Sternen durch Kernfusion entstanden sind.

„Meintest Du diesen Unterschied? "

„Fast. "

„Na gut ... "

Also ... Entstehung, Alter und Außenwirkung sind verschieden ... Komisch, wenn ich von außen her auf die Minis schaue, haben die etwas Fröhliches, Bewegtes ...

„Meinst Du diese Qualität? "

„Nah genug. "

„Sind die so klein, daß sie sich wie Sternenstaub oder eher wie kleine Gesteinsbrocken verhalten? Ist das diese fröhliche Beweglichkeit? Die Normalos bewegen ja mehr die Sterne in ihrer Umgebung als daß sie selber bewegt werden – ihr Masse ist dafür einfach zu groß ... "

„Ja – das genügt. "

„Ich habe das Gefühl, daß ich noch immer etwas nicht verstanden habe. "

„Ist das ein Wunder? "

„Nein – ist es nicht. ... ... Willst Du mir sonst noch etwas sagen oder zeigen? "

„Nein. "

„Danke. "

Da kommt ein Gefühl, als ob das Schwarze Loch zur Verabschiedung nicken würde. Ich kehre zurück.

c) Traumreise zu einem Giganten-Schwarzen Loch

Ich reise diesmal zu dem größten aller bisher bekannten Schwarzen Löcher, zu „Ton618". Auch dieses Schwarze Loch befindet sich im Zentrum einer Galaxie.

Ich reise innerlich zu diesem Schwarzen Loch. Es ist riesig. Ich schaue es mir von außen her an und spüre in es hinein. Die „Substanz" ist dieselbe wie bei allen anderen Schwarzen Löchern auch – weder dichter noch sonst irgendwie anders. Rings um das Schwarze Loch fliegen Materie und ganze Sterne auf das Schwarze Loch zu und verschwinden dann in ihm – dabei glühen sie durch ihre hohe Geschwindigkeit extrem hell auf. Das Schwarze Loch selber bleibt jedoch „dunkel".

Ich gehe in das Schwarze Loch hinein. Ich kann keinen Unterschied im Durchmesser im Vergleich zu anderen Schwarzen Löchern feststellen – obwohl dieses Schwarze Loch ja größer als unserer Sonnensystem und die Schwarzen Löcher, die vermutlich die Dunkle Materie bilden, kleiner als ein Proton sind. Jedes Schwarze Loch ist von innen betrachtet eine Einheit, die man nicht in Bereiche, Schritte, Entfernungen und ähnliches aufteilen und daher messen kann.

„Schwarzes Loch – ich habe das Gefühl, daß ich noch immer etwas Wesentliches übersehe. Stimmt das?"

„Ja."

„Was ist das?"

„Du."

„Ich?

„Ja. Du."

„Das verstehe ich nicht. Kannst Du mir dazu etwas sagen?"

„Werde selber zu einem Schwarzen Loch."

„Oh ..."

Ich gehe aus dem Schwarzen Loch heraus in das freie Weltall außerhalb der Galaxien. Ich stelle mir vor, zu einem Schwarzen Loch zu werden ... das fühlt sich ziemlich komisch an ...

Was passiert dann? Ich werde schlagartig zu meiner Essenz.

Aber meine Essenz ist doch meine Seele! Und meine Seele ist der Kern meiner Bewußtseins-Seite und nicht mein zu einem Schwarzen Loch komprimierter Körper!

Hm ... wenn mein Körper nicht mehr differenzierte, normale Materie ist, sondern ein Schwarzes Loch, das ja eine Einheit ist, gibt es keine Psyche mehr, die meinem Bewußtsein den Blick auf meine Seele verstellen könnte ...

„Ist das so gemeint, Schwarzes Loch?"

„Ja."

„Hat das jetzt irgendeinen praktischen Nutzen für mich?"

„Wenn Du Deinen Körper losläßt, siehst Du Deine Seele."

„Hm ... ja ... das ist so ähnlich wie eine Astralreise zu machen."

„Es ist gründlicher."

„Hm ... wenn ich mir vorstelle, tot zu sein, dann sehe ich meine Seele?"

„So funktionieren so gut wie alle Einweihungen."

„Du bist also ein Bild für den Tod?"

„Könnte es eine gründlichere Vernichtung von Materie geben als ihre Kondensierung zu einem Schwarzen Loch?"

„Nein – eine gründlichere Vernichtung meines Körpers kann ich mir nicht vorstellen. ...

Aber wie kann ich das nutzen?"

„Stelle Dir vor, Dein Körper wird zu einem Schwarzen Loch und ruhe dann mit Deinem Bewußtsein in diesem Schwarzen Loch."

„Ich sehe, was Du meinst ... aber was ist daran denn anders als bei dem Erlebnis eines Nah-Todes oder eines rituellen Todes bei einer Einweihung?"

„Nichts."

„Hm – das ist dann einfach eine Alternative dazu? Also eine extrem schlichte Form der Selbst-Einweihung?"

„Es ist eine Möglichkeit, Deiner Seele zu begegnen."

„Klingt schlicht und überzeugend.

... ...

Danke, Schwarzes Loch."

„Bitte."

„Ho!"

9. Ergebnisse

Wenn man etwas Unbekanntes erforscht, gelangt man meistens zu Ergebnissen, die man nicht erwartet hat.

In Bezug auf die Verwendung von Schwarzen Löchern als Symbole oder als Struktur-Grundlage in der Magie ist das einzige Ergebnis, daß man durch die Imagination, daß der eigene Leib zu einem Schwarzen Loch wird, sich der eigenen Seele bewußt wird.

Schon die Traumreise in ein Schwarzes Loch führt zu dem Erlebnis, vollkommen hemmungslos und rückhaltlos und ohne jede Abweichung oder Verzerrung man selber zu sein.

Daher kann die Vorstellung, daß man sich in einem Schwarzen Loch mit einem Durchmesser von ca. 3m befindet und das einen vollständig umgibt, ein guter Schutz sein. Dabei kann es helfen, nicht nur auf dem Boden einen Schutzkreis zu imaginieren, sondern auch in den vier Richtungen und oben. Diese sechs Kreise liegen alle auf der Kugel-Oberfläche des Schwarzen Loches.

Die Imagination eines Schwarzen Loches, in dem man sich befindet, ist sozusagen das Gegenstück zu der Imagination der Explosion einer Atombombe, wenn man etwas imaginativ zerstören will.

Ich habe deutlich exotischere Ergebnisse bei der Erforschung der möglichen Bedeutung von Schwarzen Löchern in der Magie erwartet – aber das gefundene Ergebnis ist ausgesprochen praktisch, schlicht und hilfreich.

Bücher von Harry Eilenstein

- The Synthesis of Physics and Magic (192 p.)
- Telepathy for Beginners (60 p.)
- Telepathy for Advanced Learners (52 p.)
- Telekinesis for Beginners (56 p.)
- Life Force for Beginners (76 p.)
- Kundalini for Beginners (104 p.)
- Astral Projection for Beginners (60 p.)
- Meditation for Beginners (60 p.)
- Prophecy for Beginners (60 p.)
- Ritual Magic for Beginners (64 p.)
- Magic Chant for Beginners (108 p.)
- Invocations for Beginners (52 p.)
- Evocations for Beginners (62 p.)
- Auto-Movement for Beginners (60 p.)
- Elves for Beginners (56 p.)
- Hypnosis for Beginners (56 p.)
- Love Magic for Beginners (52 p.)

- Money Magic for Beginners (60 p.)
- Magic Objects for Beginners (64 p.)
- Shamanism for Beginners (52 p.)
- Chakra-Magic for Beginners (148 p.)
- Language of the Moon – for Beginners (128 p.)
- Self Knowledge for Beginners (60 p.)
- Da'ath-Magic for Beginners (64 p.)
- Astrology for Beginners (112 p.)
- Number Symbolism for Beginners (64 p.)
- Mandalas for Beginners (76 p.)
- Crop Circles for Beginners (344 p.)
- Feng Shui for Beginners (96 p.)
- Magic Research for Beginners (140 p.)

- Magic for Beginners – Anthology I (636 p.)
- Magic for Beginners – Anthology II (616 p.)
- Magic for Beginners – Anthology III (684 p.)
- Magic for Beginners – Anthology IV (580 p.)

Religion allgemein
- Die sieben Schritte des Lebens (428 S.)
- Muttergöttin und Schamanen (168 S.)
- Totempfähle (440 S.)
- Der Urriese (168 S.)

Jungsteinzeit
- Göbekli Tepe (472 S.)
- Die Göttin von Göbekli Tepe (144 S.)

Ägypten
- Hathor und Re 1: Götter und Mythen im Alten Ägypten (432 S.)
- Hathor und Re 2: Die altägyptische Religion – Ursprünge, Kult und Magie (396 S.)
- Isis (508 S.)

Christentum
- Christus (60 S.)
- Die Biographie des Teufels (144 S.)

Indogermanen
- Die Entwicklung der indogermanischen Religionen (700 S.)
- Wurzeln und Zweige der indogermanischen Religion (224 S.)

Griechen
- Pan (336 S.)
- Poseidon (668 S.)

Inder
- Dakini (80 S.)
- Vajra (76 S.)

Germanen
- Die Götter der Germanen (87 Bände – siehe nächste Seite)
- Odin (300 S.)

Kelten
- Cernunnos (690 S.)
- Taliesin (228 S.)
- Der Kessel von Gundestrup (220 S.)
- Der Chiemsee-Kessel (76)

Psychologie
- Über die Freude (100 S.)
- Das Geheimnis des inneren Friedens (252 S.)
- Das Beziehungsmandala (52 S.)
- Gefühle und ihre Verwandlungen (404 S.)
- einsgerichtet (140 S.)
- Liebe und Eigenständigkeit (216 S.)
- Von innerer Fülle zu äußerem Gedeihen (52 S.)

Heilung
- Die Symbolik der Krankheiten (76 S.)

Kunst
- Herz des Tanzes – Tanz des Herzens (160 S.)

Drama
- König Athelstan (104 S.)

„Magie für Anfänger"	**Magie**

- Telepathie für Anfänger (60 S.)
- Telepathie für Fortgeschrittene (52 S.)
- Telekinese für Anfänger (52 S.)
- Lebenskraft für Anfänger (60 S.)
- Meditation für Anfänger (56 S.)
- Kundalini für Anfänger (100 S.)
- Hypnose für Anfänger (56 S.)
- Auto-Movement für Anfänger (56 S.)
- Chakra-Magie für Anfänger (148 S.)
- Astralreisen für Anfänger (56 S.)
- Astrologie für Anfänger (120 S.)
- Silberschnüre für Anfänger (52 S.)
- Ritual-Magie für Anfänger (56 S.)
- Mandalas für Anfänger (68 S.)
- Geldzauber für Anfänger (56 S.)
- Liebeszauber für Anfänger (52 S.)
- Invokationen für Anfänger (52 S.)
- Evokationen für Anfänger (60 S.)
- Geister für Anfänger (52 S.)
- Elfen für Anfänger (56 S.)
- Magie-Forschung für Anfänger (140 S.)
- Selbsterkenntnis für Anfänger (52 S.)
- Drogen-Kabbala für Anfänger (216 S.)
- Zahlensymbolik für Anfänger (60 S.)
- Die Sprache des Mondes – für Anfänger (116 S.)
- Zaubergesänge für Anfänger (100 S.)
- Zukunftschau für Anfänger (60 S.)
- Schamanismus für Anfänger (52 S.)
- Magische Gegenstände für Anfänger (68 S.)
- Da'ath-Magie für Anfänger (64 S.)
- Kornkreise für Anfänger (348 S.)
- Feng Shui für Anfänger (96 S.)
- Magie für Anfänger – Sammelband I (696 S.)
- Magie für Anfänger – Sammelband II (664 S.)
- Magie für Anfänger – Sammelband III (580 S.)
„Traumreisen"
- Traumreisen zu Heilpflanzen (700 S.)
	- Handbuch für Zauberlehrlinge (408 S.)
	- Tarot (104 S.)
	- Physik und Magie (184 S.)
	- Die Synthese von Physik und Magie (200S.)
	- Die Magie-Formel (156 S.)
	- Schwarze Löcher in der Magie (56 S.)
	- Krafttiere – Tiergöttinnen – Tiertänze (112 S.)
	- Schwitzhütten (524 S.)
	- Mythen und Magie der Harfe (116 S.)
	Meditation
	- Der Lebenskraftkörper (230 S.)
	- Die Chakren (100 S.)
	- Das Chakren-System mit den Nebenchakren
	  (296 S.)
	- Organe und Chakren (64 S.)
	- Die platonischen Körper in den Chakren (156 S.)
	- Meditation (140 S.)
	- Drachenfeuer (124 S.)
	- Kundalini I (676 S.)
	- Kundalini II (672 S.)
	- Reinkarnation (156 S.)
	- einsgerichtet (140 S.)
	Astrologie
	- Astrologie (496 S.)
	- Photo-Astrologie (428 S.)
	- Die astrologischen Aspekte (88 S.)
	- Horoskop und Seele (120 S.)
	Kabbala
	- Kursus der praktischen Kabbala (150 S.)
	- Eltern der Erde (450 S.)
	- Blüten des Lebensbaumes:
	  - Die Struktur des kabbalistischen
	    Lebensbaumes (370 S.)
	  - Der kabbalistische Lebensbaum als
	    Forschungshilfsmittel (580 S.)
	  - Der kabbalistische Lebensbaum als
	    spirituelle Landkarte (520 S.)

Eilenstein, Frater V.D., Knecht, Büdenbender	**Büdenbender, Eilenstein**
- Magie heute – Berichte aus der Praxis (288 S.) - Living Magic (261 p.)	- Chaos, Alk und Magic (244 S.)

Die Themen der 87 Bände der Reihe „Die Götter der Germanen"

1. Die Entwicklung der germanischen Religion
2. Lexikon der germanischen Religion
3. Der ursprüngliche Göttervater Tyr
4. Tyr in der Unterwelt: der Schmied Wieland
5. Tyr in der Unterwelt: der Riesenkönig Teil 1
6. Tyr in der Unterwelt: der Riesenkönig Teil 2
7. Tyr in der Unterwelt: der Zwergenkönig
8. Der Himmelswächter Heimdall
9. Der Sommergott Baldur
10. Der Meeresgott: Ägir, Hler und Njörd
11. Der Eibengott Ullr
12. Die Zwillingsgötter Alcis
13. Der neue Göttervater Odin Teil 1
14. Der neue Göttervater Odin Teil 2
15. Der Fruchtbarkeitsgott Freyr
16. Der Chaos-Gott Loki
17. Der Donnergott Thor
18. Der Priestergott Hönir
19. Die Göttersöhne
20. Die unbekannteren Götter
21. Die Göttermutter Frigg
22. Die Liebesgöttin: Freya und Menglöd
23. Die Erdgöttinnen
24. Die Korngöttin Sif
25. Die Apfel-Göttin Idun
26. Die Hügelgrab-Jenseitsgöttin Hel
27. Die Meeres-Jenseitsgöttin Ran
28. Die unbekannteren Jenseitsgöttinnen
29. Die unbekannteren Göttinnen
30. Die Nornen
31. Die Walküren
32. Die Zwerge
33. Der Urriese Ymir
34. Die Riesen
35. Die Riesinnen
36. Mythologische Wesen
37. Mythologische Priester und Priesterinnen
38. Sigurd/Siegfried
39. Helden und Göttersöhne
40. Die Symbolik der Vögel und Insekten
41. Die Symbolik der Schlangen, Drachen und Ungeheuer
42.a Die Symbolik der Herdentiere I
42.b Die Symbolik der Herdentiere II
43. Die Symbolik der Raubtiere
44. Die Symbolik der Wassertiere und sonstigen Tiere
45. Die Symbolik der Pflanzen
46. Die Symbolik der Farben
47. Die Symbolik der Zahlen
48. Die Symbolik von Sonne, Mond und Sternen
49.a Das Jenseits I – Das Hügelgrab
49.b Das Jenseits II – Der Jenseitsweg
50. Seelenvogel, Utiseta und Einweihung
51. Wiederzeugung und Wiedergeburt
52. Elemente der Kosmologie
53. Der Weltenbaum
54. Die Symbolik der Himmelsrichtungen und der Jahreszeiten
55.a Mythologische Motive I
55.b Mythologische Motive II
56. Der Tempel
57. Die Einrichtung des Tempels
58. Priesterin – Seherin – Zauberin – Hexe
59. Priester – Seher – Zauberer
60. Rituelle Kleidung und Schmuck
61. Skalden und Skaldinnen
62 Kriegerinnen und Ekstase-Krieger
63. Die Symbolik der Körperteile
64.a Magie und Ritual I
64.b Magie und Ritual II
64.c Magie und Ritual III
65. Gestaltwandlungen
66.a Magische Angriffs-Waffen
66.b Magische Verteidigungs-Waffen
67. Magische Werkzeuge und Gegenstände
68. Zaubersprüche
69. Göttermet
70. Zaubertränke
71. Träume, Omen und Orakel
72. Runen
73. Sozial-religiöse Rituale
74. Weisheiten und Sprichworte
75. Kenningar
76. Rätsel
77. Die vollständige Edda des Snorri Sturluson
78. Frühe Skaldenlieder
79.a Mythologische Sagas I
79.b Mythologische Sagas II
80. Hymnen an die germanischen Götter